1回30分のSAトレーニング

FOCUS

－警察行政法－

警察行政法研究会　著

東京法令出版

はしがき

　昇任試験における「行政法」の難しさは、実務からの距離にあります。

　例えば刑法・刑事訴訟法にあっては、警察官として経験してきた日々の実務から、具体的なイメージを作って理解を進められますが……行政法、特に「警察法／地方公務員法／行政法学一般」は、必ずしも日々の実務に直結してはいないため（あるいは直結していることが理解しづらいため）、条文がお経のように感じられ、自分の勤務に引き寄せて理解することが困難です。

　他方、行政法のジャンルのうち「警職法」は、刑法・刑事訴訟法同様、警察官として経験してきた日々の実務から、具体的なイメージを作って理解を進めることが（比較的）容易です。よって「警職法」にあっては、刑法・刑事訴訟法同様の方法で学習でき、点数の稼ぎ頭になることが期待できる一方……実は誰にとってもそうであるため、「差が付きにくい」ことも想定されます。

　すると「差が出る」のは「警察法／地方公務員法／行政法学一般」といった、誰もが苦手とするジャンルになります。これら苦手ジャンルに対しては、やはり、①面倒がらずに条文を読み、②面倒がらずに具体的場面を自分で考え、③面倒がらずに制度の趣旨を理解し、④面倒がらずに暗記すべきものは暗記して、臨むのがベストです。といって、それを独りで、真正面から、徒手空拳で行うのは無理ですし無茶です。要はガイドがいります。

　本書は、①～④のガイドとなるものです。効率的に・短時間で①～④を可能とします。

無論、「差が付きにくい」警職法についても、「差を付けられる」ポイントを示します。

　お経のようだった「行政法」の条文が、だからＳＡの選択肢が、リアルな意味を持って理解できるものとなる。本書はそれを目指しました。きっとそうなっていると信じます。

　先入観・苦手意識を捨て、とにかく読んで／解いてみてください。絶対に解ります。

　困難な勤務の中、学習時間を確保して努力する、各位の御健闘を祈念してやみません。

　　令和４年11月

　　　　　　　　　　　　　　　　　警察行政法研究会

令和4年の警察法改正による行政法SAへの影響

　警察法の一部を改正する法律が令和4年4月1日に施行されました。無論、その内容は本書各章にも反映させていますが、本来ならば各改正項目をもっと厚めに解説等すべきと思われました。というのも、この令和4年の警察法改正は、警察の歴史上非常に重要かつ大規模なものだからです。

　そこで、この警察法改正が行政法SAにどのような影響を及ぼすか、冒頭でとりまとめ、その全体的・包括的なイメージを形成していただくとともに、現時点で「狙われそうな」ポイントを体得していただこうと考えます。

　なお、このような目的から、以下の用語等は必ずしも法令・公用文に即したものでなく、適宜口語を用いています。また、説明の順序は理解しやすい順としています。

第1　警察庁と都道府県警察の役割分担が改正されたこと
　これまでは、「都道府県警察が警察事務を直接執行する」「警察庁は、皇宮警察を除き警察事務の直接執行はしない」というのが警察法の大々原則でしたが、この大々原則に変化があります。すなわち、「重大サイバー事案対処」については、警察庁が直接執行をすることとなりました。

　要するに、これまでと異なり、警察庁警察官が一定の犯罪捜査等、現場的な活動を自ら実施することとなりました。具体的には、警察庁の関東管区警察局に「サイバー特別捜査隊」が置かれ、重大サイバー事案について、警察庁として自ら捜査等を実施します。

これは、警察法のとても大きな転換です。重ねて、「国は調整」「都道府県は実施」というこれまでの常識をくつがえすものだからです。無論、この改正によっても国が直接実施するのは「重大サイバー事案対処」に限られますが、国自身が直接捜査等を実施することもあるという改正点は、今後の警察行政法を考える上で外せない「新常識」であり、これ自体はそれほど難しくない論点ゆえ、SAでも問われる可能性があります。また、これをまず押さえておかないと、次の第2以下の重要な改正点が理解できません。

第2　警察法の「苦情の申出等」が連動して改正されたこと
　例えば、「重大サイバー事案対処」として警察庁が（警察庁警察官が）直接、自ら犯罪捜査を実施することとなったため、これまではなかった「警察庁警察官の職務執行に対する苦情」を想定する必要が出てきました。これまでこれがなかったのは、第1で見たとおり、警察庁警察官は例えば犯罪捜査を直接、自ら実施することが基本、なかったからです。
　よって、令和4年の改正では、従前の「都道府県警察の職員の職務執行に対する苦情の申出等」を定めた警察法第79条に、一定の警察庁警察官に対する「苦情の申出等」の制度が付け加わりました。このときの苦情を訴え出る先は、国家公安委員会とされました。
　「苦情の申出等」はSAにおいて出題頻度が低くないジャンルです。また、条文そのものが問われることもあるジャンルです。よって「一定の警察庁警察官の職務執行」についての苦情の申出が「国家公安委員会に対して」できること／行われることは、押さえておく必要があります。

第3　警察法の「広域組織犯罪等」関連部分が連動して改正された
　　こと

　警察行政法のSAに取り組んでおられる方は「うわっ……」と思
われたかも知れません。この「広域組織犯罪等」関連箇所は頻出項
目であり、かつ、条文の理解が難しいからです。

　ただ、話を令和4年改正に限れば、難しい内容はありません。

(1)　広域組織犯罪等に「重大サイバー事案」が含まれると明記され
　　たこと

　　そのままです。

(2)　「重大サイバー事案」に対処する際、警察庁と都道府県警察に
　　よる事案の分担処理を想定しなければならなくなったこと

　　警察庁が直接、自ら「重大サイバー事案」の捜査を実施するよ
　うになったことの帰結です。警察庁も直接捜査する、都道府県警
　察も直接捜査する、となったとき、両者の役割分担を決める必要
　が生じ得ます（これまでは都道府県警察間の役割分担だけを考え
　ていればよかった）。

　　よって、その分担に関する指示を「警察庁長官」がすることと
　されました。

(3)　「重大サイバー事案」を、警察庁と都道府県警察が共同処理す
　　ることすら想定されること

　　(2)と一緒の理由で、役割分担を決める以上に、いよいよ国・地
　方の「ジョイント」で事案を処理する場合も想定されます。その
　ため、命令系統の明確化や捜査の効率化を図るべく、既に警察法
　第61条の2に規定されている（あの）「一の警察官」の仕組みを、
　この国・地方のジョイントチームについても導入することとされ
　ました。

この「一の警察官」については、警察行政法のSAの選択肢にされやすい概念ですから、この改正部分もまた、今後は選択肢にされやすいものと想定されます。

　端的には、この場合は、「警察庁長官」が、ジョイントチームとなっている警察庁警察官＋都道府県警察官のいずれか（どちらでも可）から「一の警察官」を選定し、その一の警察官に「必要な指揮を行わせる」ことができることとされました。

(4)　「重大サイバー事案」の処理のため、都道府県警察の警察官が、警察庁に派遣されることも想定されること

　警察庁も直接捜査等をする、となれば、今現在A県の警察官がB県に捜査のため派遣されるように、A県の警察官が警察庁に派遣されることも考えられます。これまでは想定されなかったケースですから、じゃあ警察庁に派遣された甲警部補がどのような権限をどこで誰の管理の下で行使できるのか、を決めておかなければなりません。

　そこで、この場合の甲警部補は、「国家公安委員会の管理の下」「全国で」「職権を行うことができる」こととされました。

　あくまでも「重大サイバー事案」の処理における権限ですが、これまでになかった制度・仕組みであることから、国家公安委員会、全国といった部分は押さえておく必要があります。

　以上、概略ですが、令和4年の警察法改正について、SAへの影響を中心に取りまとめました。今後の出題傾向は未知数ですが、どれも警察法の山場に引っかかる改正であることから、たとえSA5問のフルスペックで出題されないとしても、「広域組織犯罪等」「一の警察官」等々にからんだ1つの選択肢として採用される可能性は

大きいと考えられます。特に現場においては、警察法の改正は身近なものではなく、関連資料を入手するのも一手間と思われましたので、特に冒頭で簡記しておくこととしました。

　無論、以降の各章・各論は上の令和4年改正に対応しています。

　上の内容を、特にPart 2を読み進めてゆく際、心の片隅に留めておいてください。きっと役に立ちます。

本シリーズの特徴

本書は「合格点を確実に取る」ためのワークブックです。忙しくて勉強する時間がとれない、何から勉強をすべきか分からない、本を開いても難しくて勉強が進まない……そんな方に向け、「簡単」「必要最小限」「受かる」をコンセプトとし、基礎を確実に固めることで、合格を目指します！

❶「昇任試験突破に必要な要点に絞って勉強できる」

満点を取るためのテキストではなく、大事なポイントを確実に理解して合格を狙います。

試験で狙われやすい項目のみをピックアップ。

❷「長い解説文がない」

文章が長いとそれだけで理解の妨げに。余分な表現を除くことで、大事なポイントをつかみやすくしています。

❸「判例が読みやすい」

表現を簡単にすることで、判例の分かりにくさ、読みにくさを解消。

❹「問題ありきの学習」

「その判例の何が重要なのか」「どのように昇任試験で問われるのか」を意識しながら簡単に学習できるようにしています。

以上の本書の特徴により、"解説文の書きぶりが難しく、頭に入ってこない"、"昇任試験まで時間がないが、分厚い問題集は今更できない"、"そもそも、勉強方法が分からない"方をサポートします。

Chapter 2　任意同行 （30分）

関係条文

―――― 警察官職務執行法

（質問）
第2条　（略）
2　その場で前項の質問をすることが本人に対して不利であり、又は交通の妨害になると認められる場合においては、質問するため、その者に附近の警察署、派出所又は駐在所に同行することを求めることができる。
3　前2項に規定する者は、刑事訴訟に関する法律の規定によらない限り、身柄を拘束され、又はその意に反して警察署、派出所若しくは駐在所に連行され、若しくは答弁を強要されることはない。
4　（略）

> 目安となる学習時間を記しています。

> ### 関係条文
> 各Chapterの関連条文を冒頭に掲載。条文を基にした問題もあるので、丸暗記はしなくとも、触れておくとよいでしょう。

こんな問題が出る！

次は、職務質問に際しての任意同行に関する記述であるが、誤りはどれか。 （3分）

〔1〕　警職法第2条第2項に規定する同行の求め（同行要求）は、職務質問に付随する権限であるから、強制にわたることが一切認められないのは当然である。
〔2〕　「本人に対して不利であり、又は交通の妨害になると認められる場合」とは、周囲の視線等により相手方の名誉・プライバシー等が傷付けられたり、風雨や寒気が厳しかったり、交通量が多く危険であったり、人が蝟集して交通に支障が生ずるなどのおそれがある場合をいう。
〔3〕　警職法第2条第2項の任意同行先は「警察署、派出所又は駐在所」であるが、具体的状況のもと相当であれば、任意同行先をその他の場所としても適法である。
〔4〕　同行要求は、職務質問に付随する権限であるから、相手方を任意同行するための有形力の行使が、相手方を停止させるための有形力の行使と同様の水準・態様で、認められる適法となる。
〔5〕　任意同行には必ず相手方の承諾が必要であるが、この承諾は、渋々なされたものであっても、無言のままの黙示のものであってもよい。

〔解答〕〔4〕

こんな問題が出る！

次は、職務質問に際しての任意同行に関する記述であるが、誤りはどれか。 （3分）

〔1〕　警職法第2条第2項に規定する同行の求め（同行要求）は、警察官に、相手方を同行先まで同行することができる権限を与えたものである。
〔2〕　同行要求においては、まず、相手方に説得を尽くさなければならない。
〔3〕　同行要求における説得が著しく長時間に及ぶ場合は、強制活動として違法とされ得る。
〔4〕　任意同行においては、相手方の承諾が絶対的に必要である。
〔5〕　同行要求においては、言語以外の、動作による説得も、極めて例外的に認

> **こんな問題が出る！**
> 実際の出題形式に沿った五肢択一式の問題です。設問中、問題を解く際に注意すべきワード、いわゆる「ひっかけポイント」、「正誤の判断で注目すべきポイント」を強調しています。ここを見て、問題の「怪しい部分」をかぎ分けられるようになりましょう。

められ得る。

[解答]（1）

STEP 1

　職務質問に付随する権限として「同行要求」が認められているところ、これを承諾した相手方を警察署等に同行することが「任意同行」である。警察法が規定している同行先は「警察署、派出所又は駐在所」であるが、同行要求そのものは強制活動ではないから、適正な任意活動の範囲であれば、関係する犯罪現場、付近の安全な場所、パトカー内等に同行要求をしても適法である。ただし、相手方の承諾のない「連行」は、絶対的に認められない違法な強制活動となる。

STEP 2

　警察法が明文をもって「連行」（任意の承諾のない同行）を禁止している以上、「同行要求」から「任意同行」に至る手続の流れの中では、同行の意思のない相手方に対する有形力の行使＝一時的な実力の行使ができないこととなる。
　これは、職務質問における「停止」の場面において、有形力の行使が認められ得ることとの大きな違いである。
　すなわち、「停止」の場面においては、判例の示した要件の下、相手方の身体に手を掛けることすら認められ得るのに対し、「同行要求」から「任意同行」の場面においては、どれだけ必要性・緊急性等が存在しても、できることは説得であって、相手方に同行の意思がないかぎり、有形力の行使はできない。すれば強制活動である「連行」となり違法である。
　また、説得が著しく長時間に及ぶ場合は、もしそれが事実上の逮捕になってしまったり、憲法上の移動の自由を奪ったことになってしまえば、強制活動として違法とされ得る。
　しかし、同行要求が職務質問に付随するものである以上、説得中に立ち去ろうとする者・逃げ去ろうとする者に対しては、

派出所
現在でいう「交番」です。

同行要求＝任意同行
同行要求→任意同行→連行、という流れです。

連行
警察法は、既に強制活動になってしまった同行のことを「連行」ととらえ（同第2条第3項）、明文をもって禁止しています。

> 欄外には、語句説明やその他のChapterで登場する事項の解説を記しています。

> **STEP 1**
> そのChapterで扱っている条文の概要などの基本事項を掲載しています。

> **STEP 2**
> 条文解釈やSTEP 1からさらに踏み込んだ内容について解説しています。

 ここにFocus

❶　職務質問の相手方に同行を求めるのが同行要求、相手方を同行するのが任意同行である。
❷　同行要求も任意同行も、職務質問に付随する権限であるから、職務質問同様、強制にわたることは絶対に許されず、警察法も明文をもって禁止している。
❸　同行は、警察署・派出所（交番）・駐在所のほか、その他の場所であっても適法である。[判例B]
❹　同行要求・任意同行において、同行の意思のない相手方に、有形力の行使をすることは許されない。[判例D]
❺　同行要求・任意同行において、相手方に行ってよい働き掛けは、説得である。[判例D]
❻　同行要求・任意同行のための説得が著しく長時間に及べば、違法とされ得る。[判例C]
❼　説得中に立ち去ろうとする者・走り去ろうとする者は、職務質問に立ち去ろうとする者等なのであるから、停止のための有形力の行使が可能となる。
❽　任意同行には、相手方の承諾が絶対的に必要である。
❾　相手方の承諾は、渋々なされたものであっても、無言のままの黙示のものであっても、それが「承諾」と認められるかぎりよい。[判例A]

> **ここにFocus**
> 「これさえ覚えてしまえば、SAに太刀打ちできる」という内容に絞り、STEP 1とSTEP 2をまとめています。試験前の最終確認にも最適。

判例

4分

判例 A

Q 相手方が任意同行に特段の抵抗をしなかった場合、「承諾があった」適法な任意同行と考えてよいか?

A それが黙示の承諾ととらえられるなら、適法な任意同行である。

大阪高判昭63.3.1、東京地判昭60.10.14要旨
　警職法に規定する任意同行には、相手方の承諾が必要となるが、この承諾は、黙示のものであってもよい。ただし、偽計を用いるなど著しく不公正な方法により任意同行を行うことは許されない(編者注、派出所には「偽計」とは暗計的には「ウソ」ととらえてよい。例えば目的、理由、同行先について嘘を吐くなど)。

判例 B

Q 警職法第2条第2項に規定する場所以外への任意同行は違法か?

A 公益上のメリットが、相手方のデメリットを上回れば、適法である。

東京高判昭31.9.29、秋田地大館支判平17.7.19要旨
　同行要求そのものは、相手方の権利・自由を制限する強制活動ではないから、公益上のメリットが相手方のデメリットを上回れば、「警察署、派出所又は駐在所」以外の場所への同行要求は、承諾した相手方をその場所へ任意同行すること、近くの犯行現場へ任意同行すること、激昂した相手方を鎮静化するための適切な場所へ任意同行すること等が認められる(編者注:よって理論的には、相手方の任意の承諾があるかぎり、社会通念上=社会常識上相当なこれら以外の場所への任意同行が許される。例えばパトカー内への任意同行は、このような理由で許される)。

判例

　Chapterに関する判例を紹介。実際にどんな事件が起き、どんな判決が下されたかを知ることで、自分の中でより具体的にイメージできるようにしていきましょう。

　本書では、判例の文章を単に抜粋するのではなく、事件の概要や裁判の争点・結果を、やさしい言葉で紹介しています。

○×問題で復習

5分

Q
(1) 相手方の言語による承認のない任意同行は、必ずしも違法とはいえない。
(2) 警察本部の施設に同行を求めても違法はない。
(3) 同行要求においては、まず説得を尽くすことが必要であるが、その説得が著しく長時間に及べば、違法との評価を受けるおそれがある。
(4) 警察官による同行要求も、相手方の任意同行も、全て任意活動の範囲内で行われるべきものである。
(5) 説得の最中に立ち去ろうとする者がいたとしても、「その意に反する連行」は法律の明文で禁止されているから、有形力の行使は一切できない。

○×問題で復習

　各Chapterの総まとめです。知識が定着しているか、一問一答式の問題を解いて確認してみましょう。これがすべて解ければ、バッチリ。解けなかった問題は解答解説で確認しましょう。

目次

Part ① 警察官職務執行法

職務質問 ⏱30分

関係条文

········· **警察官職務執行法** ·········

（質問）

第2条　警察官は、異常な挙動その他周囲の事情から合理的に判断して何らかの犯罪を犯し、若しくは犯そうとしていると疑うに足りる相当な理由のある者又は既に行われた犯罪について、若しくは犯罪が行われようとしていることについて知つていると認められる者を停止させて質問することができる。

2　（略）

3　前2項に規定する者は、刑事訴訟に関する法律の規定によらない限り、身柄を拘束され、又はその意に反して警察署、派出所若しくは駐在所に連行され、若しくは答弁を強要されることはない。

4　（略）

こんな問題が出る！

次は、職務質問に関する記述であるが、誤りはどれか。

⏱3分

〔1〕　警職法に規定する職務質問は、いわゆる不審者に対する職務質問と、いわゆる参考人的立場にある者に対する職務質問に分けられる。

〔2〕　不審者に対する職務質問を実施するときは、その具体的な犯罪事実が分かっていなくとも、何らかの犯罪を行い、又は行うであろうと判断できればよい。

〔3〕　不審者の「異常な挙動」とは、言語・動作・着衣・携行品等が犯罪と無関係な状態でなく怪しいことを、「その他周囲の事情」とは、時間・場所・環境等をいう。

〔4〕　「停止させて」質問することができるとは、相手方に停止義務を負わせる権限であり、よって具体的状況に応じた有形力の行使や、一時的に強制活動にわたることが可能になることもある。

〔5〕　停止させて「質問することができる」とは、質問し、質問に答えるよう相手方を説得できるという権限にすぎず、答弁を求めるための有形力の行使は一切許されない。

〔解答〕〔4〕

こんな問題が出る！

次は、職務質問に関する記述であるが、誤りはどれか。

⏱3分

〔1〕　不審者について、その具体的な犯罪が特定されたときは、犯罪の捜査として、職務質問を行うことに問題はない。

〔2〕　「異常な挙動その他周囲の事情から合理的に判断して」とは、警察官の主観的な思い込みでなく、一般人が見ても不審と分かる客観的な判断であることを要する。

〔3〕　参考人的立場にある者への職務質問とは、例えば犯罪現場にいる者への職務質問であるが、職務質問である以上、有形力の行使も許され得る。

〔4〕　停止させて質問する際、「止まらなければ逮捕する」「止まらないと拳銃を撃つぞ」と言うことは、質問に際しての説得としては認められない。

〔5〕　職務質問における有形力の行使は、不審者に対するときと参考人的立場に

ある者に対するときでは限界を異にし、また、不審者に対するときであっても、その不審性等によって限界を異にする。

〔解答〕〔2〕

STEP 1 （3分）

警職法第2条第1項の職務質問は、あくまで任意活動である。不審者又は参考人的立場にある者のいずれに対しても、職務質問の権限だけを根拠に、強制活動を行うことは絶対にできない。しかし、任意活動の範囲内でも、いわゆる有形力の行使は、判例の示した要件の下、可能となる。どのような有形力がどのような場合に可能となるかは、個別具体の判断となり、過去の判例を十分参照する必要がある。

有形力の行使
強制の程度に至らない一時的な実力の行使をいいます。

STEP 2 （4分）

職務質問は、「何らかの犯罪」の疑いを持てたときでも、「具体的な犯罪」の疑いを持てたときでも可能である（後者の場合として例えば、緊急配備発令時における職務質問）。

すなわち、「何らかの犯罪」は「具体的な犯罪」を含む概念である。そしてこの「犯罪」とは、あらゆる犯罪の、①構成要件に該当する、②違法な行為であればよい。有責性・責任能力は求められない。

また職務質問は、犯罪の端緒を取得するためにも、犯罪捜査そのもののためにも可能である。犯罪捜査の場合であっても、供述証拠を収集しようとする「取調べ」にわたらないのであれば（それを目的としない職務質問の範囲にとどまるのであれば）、質問の相手方に対し、供述拒否権の告知を要しない。

職務質問における不審性の判断は、一般人を基準とした判断でなく、警察官の合理的な知識経験、あるいは事前情報を反映した、プロとしての警察官を基準とした判断でよい。

参考人的立場の者
不審者のような疑いがない者なので、不審者に対するときより、有形力の行使が限定されます。しかし聞き込みと違い、有形力の行使自体は可能です。

ここに Focus （5分）

❶　職務質問は任意活動であり、強制にわたることは絶対に許されない。

❷　職務質問は不審者のみならず、参考人的立場にある者に対しても可能である。

❸　職務質問においては、判例に従い、有形力の行使＝一時的な実力の行使ができる。【判例A】

❹　どのような有形力がどのような場合に可能となるかは、1件1件の職務質問で全て異なる。【判例B】【判例C】

❺　職務質問は、「何らかの犯罪」の疑いを持てたときでも、「具体的な犯罪」「特定の犯罪」の疑いを持てたときでも、当然に可能である。

❻　「何らかの犯罪」「具体的な犯罪」であるためには、構成要件該当性と、違法性が認められればよく、有責性は必要とされない。

❼　「異常な挙動その他周囲の事情」の判断は、一般人を基準とした判断ではなく、警察官を基準とした判断であり、またそれでよい。

❽　職務質問という活動は、供述証拠を収集しようとする取調べではないので、職務質問の段階において、相手方に供述拒否権を告知する必要はない。

判例
A

Q 職務質問においては、強制にわたらなければ、有形力の行使は可能なのか？

A 常に可能とは限らない。

最決昭51.3.16要旨

　強制にわたらない有形力の行使であっても、相手方にデメリットを与えるのだから、常に許されると考えるのは相当でない。よって、有形力の行使の「必要性」「緊急性」などを考慮した上、具体的状況のもとで「相当」と認められる限度において、有形力の行使は許される（編者注：要件①「必要性」＋要件②「緊急性」＋要件③「など」→結論・総合判断としての④「相当」＝「職務質問のメリットと相手方のデメリットのバランスがとれていること」、という意味と解されている）。

判例
B

Q 停止のための説得として、相手方に並行して歩くこと、相手方に追随すること、相手方の前に立ちふさがる行為は可能か？

A 常に可能とは限らず、判例Aの限度において可能である。

最決昭29.12.17、同昭30.7.19、広島高判昭51.4.1要旨

　相手が立ち去ろうとするときに、警察官が説得のために並行して歩き、又は追随することも、それが社会通念上（社会常識上）許される程度のものであれば可能である。相手方の前に立ちふさがる行為も、具体的状況のもとで相当と認められる限度において許される（編者注：相手方が立ち去ろうとしている場合であることに留意する必要あり）。

判例
C

Q 停止のための有形力の行使として、相手方の身体に手を掛けてよいか？

A 常に可能とは限らず、判例Aの限度において可能である。

名古屋高判昭28.12.7、長崎地決昭44.10.2、札幌高判平4.6.18、大阪高判昭63.3.1、東京高判昭60.9.5要旨

　警察官の説得に応じず相手方が走り去ろうとするときに、判例Aの要件を充たすときは、相手方の肩・腕・腰・襟等に手をかけて呼び止めるなどの、軽微で一時的な実力行使を行うことも認められる（編者注：相手方が走り去ろうとしている場合であること、具体的状況は1件1件全て異なることに留意する必要あり）。

○×問題で復習

Q 〔1〕 職務質問で一時的な実力の行使をしたとしても、それが必ずしも強制活動になるわけではない。

〔2〕 職務質問の相手方が刑事未成年者であることが明らかなときも、警職法第2条第1項の要件を充たすかぎり、当該者に対する職務質問の実施に何ら問題はない。

〔3〕 職務質問における一時的な有形力の行使として、まず相手方の身体に触れるなどして停止を求めることは、一般に許容される。

〔4〕 警察官が地域実態把握の結果として日頃から記憶している情報は、警職法第2条第1項に規定する「異常な挙動その他周囲の事情」の判断に用いてかまわない。

〔5〕 ひったくりの緊急配備において、手配されていた被疑者に酷似した不審者に質問をすることは、既に犯罪捜査ではあるが職務質問であり、相手方に供述拒否権の告知を要しない。

解答解説

○〔1〕　職務質問で<u>一時的な実力の行使</u>をしたとしても、それが必ずしも<u>強制活動</u>にな
有形力の行使は可能
るわけではない。
有形力の行使は強制にわたらないものであり、そうでなければならない。

○〔2〕　職務質問の相手方が<u>刑事未成年者</u>であることが明らかなときも、警職法第２条
有責性・責任能力がない場合
第１項の<u>要件を充たす</u>かぎり、当該者に対する職務質問の実施に何ら問題はない。
有責性は要件とされていないから

×〔3〕　職務質問における一時的な有形力の行使として、<u>まず相手方の身体に触れるな</u>
いきなりの接触は許されない。
<u>どして停止を求めること</u>は、<u>一般に許容される</u>。
具体的状況のもと、相当なときに許容。

○〔4〕　警察官が地域実態把握の結果として<u>日頃から記憶している情報</u>は、警職法第２
警察官の合理的な知識経験・事前情報
条第１項に規定する<u>「異常な挙動その他周囲の事情」の判断に用いてかまわない</u>。
一般市民が分からない・不審と思わない場合でも、警察官を基準とした判断が可能。

○〔5〕　<u>ひったくりの緊急配備</u>において、手配されていた被疑者に酷似した不審者に質
具体的な犯罪の場合も職務質問はできる。
問をすることは、既に<u>犯罪捜査ではあるが職務質問</u>であり、<u>相手方に供述拒否権</u>
職務質問が犯罪捜査となることも当然ある。
<u>の告知を要しない</u>。
供述証拠を収集しようとする「取調べ」ではないから。

Chapter 2 任意同行 ⏱30分

関係条文

········· **警察官職執行法** ···

（質問）

第2条 （略）

2 その場で前項の質問をすることが本人に対して不利であり、又は交通の妨害になると認められる場合においては、質問するため、その者に附近の警察署、派出所又は駐在所に同行することを求めることができる。

3 前2項に規定する者は、刑事訴訟に関する法律の規定によらない限り、身柄を拘束され、又はその意に反して警察署、派出所若しくは駐在所に連行され、若しくは答弁を強要されることはない。

4 （略）

こんな問題が出る!

次は、職務質問に際しての任意同行に関する記述であるが、誤りはどれか。 3分

〔1〕 警職法第2条第2項に規定する同行の求め（同行要求）は、職務質問に付随する権限であるから、強制にわたることが一切認められないのは当然である。

〔2〕 「本人に対して不利であり、又は交通の妨害になると認められる場合」とは、周囲の視線等により相手方の名誉・プライバシー等が傷付けられたり、風雨や寒気が厳しかったり、交通量が多く危険であったり、人が蝟集して交通に支障が生ずるなどのおそれがある場合をいう。

〔3〕 警職法第2条第2項に規定する任意同行先は「警察署、派出所又は駐在所」であるが、具体的状況のもと相当であれば、任意同行先をその他の場所としても適法である。

〔4〕 同行要求は、職務質問に付随する権限であるから、相手方を任意同行するための有形力の行使が、相手方を停止させるための有形力の行使と同様の水準・態様で、認められ適法となる。

〔5〕 任意同行には必ず相手方の承諾が必要であるが、この承諾は、渋々なされたものであっても、無言のままの黙示のものであってもよい。

〔解答〕〔4〕

こんな問題が出る!

次は、職務質問に際しての任意同行に関する記述であるが、誤りはどれか。 3分

〔1〕 警職法第2条第2項に規定する同行の求め（同行要求）は、警察官に、相手方を同行先まで同行することができる権限を与えたものである。

〔2〕 同行要求においては、まず、相手方に説得を尽くさなければならない。

〔3〕 同行要求における説得が著しく長時間に及ぶ場合は、強制活動として違法とされ得る。

〔4〕 任意同行においては、相手方の承諾が絶対的に必要である。

〔5〕 同行要求においては、言語以外の、動作による説得も、極めて例外的に認

められ得る。

〔解答〕〔1〕

STEP 1

　職務質問に付随する権限として「同行要求」が認められているところ、これを承諾した相手方を警察署等に同行することが「任意同行」である。警職法が規定している同行先は「警察署、派出所又は駐在所」であるが、同行要求そのものは強制活動ではないから、適正な任意活動の範囲であれば、関係する犯罪現場、付近の安全な場所、パトカー内等に同行要求をしても適法である。ただし、相手方の承諾のない「連行」は、絶対的に認められない違法な強制活動となる。

STEP 2

　警職法が明文をもって「連行」（任意の承諾のない同行）を禁止している以上、「同行要求」から「任意同行」に至る手続の流れの中では、同行の意思のない相手方に対する有形力の行使＝一時的な実力の行使ができないこととなる。

　これは、職務質問における「停止」の場面において、有形力の行使が認められ得ることとの大きな違いである。

　すなわち、「停止」の場面においては、判例の示した要件の下、相手方の身体に手を掛けることすら認められ得るのに対し、「同行要求」から「任意同行」の場面においては、どれだけ必要性・緊急性等が存在しても、できることは説得であって、相手方に同行の意思がないかぎり、有形力の行使はできない。すれば強制活動である「連行」となり違法である。

　また、説得が著しく長時間に及ぶ場合は、もしそれが事実上の逮捕になってしまったり、憲法上の移動の自由を奪ったことになってしまえば、強制活動として違法とされ得る。

　しかし、同行要求が職務質問に付随するものである以上、説得中に立ち去ろうとする者・逃げ去ろうとする者に対しては、

派出所
現在でいう「交番」です。

同行要求と任意同行
同行要求→承諾→任意同行という流れです。

連行
警職法は、既に強制活動になってしまった同行のことを「連行」ととらえ（同第2条第3項）、明文をもって禁止しています。

今度は職務質問中に立ち去ろうとした者等として「停止」させなければならないから、「停止」のための有形力の行使が可能である（相手方が停止すれば、不可能となる）。

ここに Focus

❶　職務質問の相手方に同行を求めるのが同行要求、相手方を同行するのが任意同行である。

❷　同行要求も任意同行も、職務質問に付随する権限であるから、職務質問同様、強制にわたることは絶対に許されず、警職法も明文をもって禁止している。

❸　同行先は、警察署・派出所（交番）・駐在所のほか、その他の場所であっても適法である。【判例B】

❹　同行要求・任意同行において、同行の意思のない相手方に、有形力の行使をすることは許されない。【判例D】

❺　同行要求・任意同行において、相手方に行ってよい働き掛けは、説得である。【判例D】

❻　同行要求・任意同行のための説得が著しく長時間に及べば、違法とされ得る。【判例C】

❼　説得中に立ち去ろうとする者・走り去ろうとする者は、職務質問中に立ち去ろうとする者等なのであるから、停止のための有形力の行使が可能となる。

❽　任意同行には、相手方の承諾が絶対的に必要である。

❾　相手方の承諾は、渋々なされたものであっても、無言のままの黙示のものであっても、それが「承諾」と認められるかぎりよい。【判例A】

判例
A

Q 相手方が任意同行に特段の抵抗をしなかった場合、「承諾があった」適法な任意同行と考えてよいか？

A それが黙示の承諾ととらえられるなら、適法な任意同行である。

大阪高判昭63.3.1、東京地判昭60.10.14要旨

　警職法に規定する任意同行には、相手方の承諾が必要となるが、この承諾は、黙示のものであってもよい。ただし、偽計を用いるなど著しく不公正な方法により任意同行を行うことは許されない（編者注：「偽計」とは端的には「ウソ」ととらえてよい。例えば目的、理由、同行先について嘘を吐くなど）。

判例
B

Q 警職法第2条第2項に規定する場所以外への任意同行は適法か？

A 公益上のメリットが、相手方のデメリットを上回れば、適法である。

東京高判昭31.9.29、秋田地大館支判平17.7.19要旨

　同行要求そのものは、相手方の権利・自由を制限する強制活動ではないから、公益上のメリットが相手方のデメリットを上回れば、「警察署、派出所又は駐在所」以外の場所への同行要求を行い、承諾した相手方をその場所へ任意同行することも適法である。具体的には、暗がりから街灯の下へ任意同行すること、近くの犯行現場へ任意同行すること、激昂した相手方を鎮静化するための適切な場所へ任意同行すること等が認められる（編者注：よって理論的には、相手方の任意の承諾があるかぎり、社会通念上＝社会常識上相当なこれら以外の場所への任意同行が許される。例えばパトカー内への任意同行は、このような理由で許される）。

判例 **C**

Q 任意同行のための説得が「著しく長時間」とされるのはどのようなときか？

A 個別具体の判断となり、一律の基準はないが、例えば6時間半以上は違法とされている。

最決平6.9.16要旨

　任意同行を求めつつ、手配車両に乗った相手方の運転を阻止し、早期に令状請求をすることなく、6時間半以上現場に留め置いた行為は、相手方の移動の自由を長時間にわたり奪った点において、任意活動として許される範囲を超えており、違法である（編者注：あくまでも1件1件の判断となり、また関連判例も多々あることに注意を要する）。

判例 **D**

Q 任意同行のための説得は、言語のみによるのか？

A 必要性・緊急性等に応じ、極めて例外的に、動作によることも許され得る。

仙台高判昭30.10.13、東京地判昭61.11.17、広島地判50.12.9要旨

　肘を押さえ少し引く行為、両袖をつかむ行為等、単に身体に手を掛ける程度のことは、物理的方法ではあるが、①緊急やむを得ないとの判断から、②注意を促し又は翻意を求めるため、③一時的に行い、④相手方を実力で制圧するなど強制にわたらないのであれば、「いわば動作を伴った説得行為」として、認められる限度内にある。ただし、「動作を伴った説得行為」は、いきなり行ってはならず、まず言語による説得を尽くさなければ、違法となる（編者注：警職法第2条第3項は「その意に反する連行」を絶対的に禁止しているのだから、「その意」＝同行に応じる意思のない相手方には、上記のような有形力の行使＝一時的な実力の行使はできない）。

○×問題で復習

5分

Q 〔1〕　相手方の言語による承諾のない任意同行は、必ずしも違法とはいえない。

〔2〕　警察本部の施設に同行を求めても違法はない。

〔3〕　同行要求においては、まず説得を尽くすことが必要であるが、その説得が著しく長時間に及べば、違法との評価を受けるおそれがある。

〔4〕　警察官による同行要求も、相手方の任意同行も、全て任意活動の範囲内で行われるべきものである。

〔5〕　説得の最中に立ち去ろうとする者がいたとしても、「その意に反する連行」は法律の明文で禁止されているから、有形力の行使は一切できない。

解答解説

○〔1〕 相手方の言語による承諾のない任意同行は、必ずしも違法とはいえない。
　　　　　　　　承諾は黙示のものでもよい。　　　　　「承諾」と評価できなければならない。

○〔2〕 警察本部の施設に同行を求めても違法はない。
　　　　　　　任意の承諾に基づく相当な場所であるかぎり、同行先に制限はない。

○〔3〕 同行要求においては、まず説得を尽くすことが必要であるが、その説得が著し

　　　　く長時間に及べば、違法との評価を受けるおそれがある。
　　　　関係判例多数　　　　　　　　　　　　　　一律の基準はない。

○〔4〕 警察官による同行要求も、相手方の任意同行も、全て任意活動の範囲内で行わ
　　　　　　　　　　　　　　　　　　　　　職質の全プロセスに強制はない。
　　　　れるべきものである。

×〔5〕 説得の最中に立ち去ろうとする者がいたとしても、「その意に反する連行」は
　　　　　　　　職質途中で立ち去ろうとする者である。
　　　　法律の明文で禁止されているから、有形力の行使は一切できない。
　　　　　　　　　　　　　　　　「停止」のための有形力の行使は可能となり得る。

Chapter **3** 所持品検査 ⏱35分

こんな問題が出る!

次は、所持品検査に関する記述であるが、誤りはどれか。 ⏱4分

〔1〕　いわゆる所持品検査については、警職法に明文の規定がないが、それが強制にわたらない限り、判例・学説上、適法に実施できる。

〔2〕　所持品検査は、相手方の承諾なしには一切行うことができない。

〔3〕　職務質問に付随して行われる所持品検査においては、相手方の承諾を得るための説得活動が許される。

〔4〕　警察官が、相手方の承諾を得て、警察官自ら相手方の携行品の内部を調べたり、持ち物を取り出すといった行為も、必ずしも違法ではない。

〔5〕　相手方の承諾がある場合、相手方の服のポケットに手を入れて物を探すといった行為は、例外的に認められる余地がある。

〔解答〕〔2〕

こんな問題が出る!

次は、所持品検査に関する記述であるが、誤りはどれか。 ⏱4分

〔1〕　判例は、相手方の承諾なしに行う所持品検査を、例外的に認めている。

〔2〕　判例は、強制にわたらない限り、所持品検査の必要性、緊急性、これによって害される個人の法益と保護されるべき公共の利益との権衡などを考慮し、具体的状況のもとで相当と認められる限度においては、相手方の承諾なしに所持品検査を行い得るとの判断を示している。

〔3〕　相手方の承諾なしに所持品検査を行うのであれば、相手方の承諾を得るための説得活動を行って拒否され、いっそう不審点解明の必要性が増加するなどの過程を経なければならない。

〔4〕　判例の示す要件を充たしていれば、所持品検査が一部捜索にわたることも認められる場合がある。

〔5〕　相手方の承諾なしに行う所持品検査の場合、相手方のバッグ、着衣に手を

入れて中を調べ、所持品を取り出す行為は、極めて例外的に認められる余地があるが、違法とされる判例がほとんどである。

〔解答〕〔4〕

 STEP 1　3分

職務質問に付随する行為として「所持品検査」が認められる。明文の根拠はないが、強制活動でなければ明文の根拠は必要でなく、かつ、判例も職務質問に付随する所持品検査の適法性を認めている。職務質問に付随するのだから、職務質問そのものが適法でなければならない。また、強制活動ではないのだから、例えば捜索（＝強制活動の１つ）に至る水準の行為は絶対に行うことができない。特に、所持品の「鍵の破壊」は、直ちに捜索とされ違法とされる代表例である。

 STEP 2　4分

職務質問に付随して行われる所持品検査には、①相手方の承諾を得て行う場合と、②相手方の承諾なしに行う場合がある。どちらも判例上適法とされ得るが、②の方には厳しい要件が課せられている。いわゆる「必要性」「緊急性」「法益権衡」を考慮して、「具体的状況のもとで相当」と判断できなければ、②は実施できない。また例えば、「相手方のポケットに手を入れる」「在中物を取り出す」といった行為も、①か②かで、許される範囲に違いが生じる。②の場合、相手方の承諾がないのだから、「所持品を外部から触れる」「証拠品の破棄や投棄を一時制止する」といった行為以外、裁判所により違法と判断される可能性が高い。どのような行為がどう判断されるかは、ここにFocus 参照。

強制活動
国民の権利・自由を変動させる活動です。

付随する
所持品検査は職務質問に「付随」する活動ですから、当然、職務質問と同様、最初から最後まで「任意活動」である必要があります。

法益権衡（ほうえきけんこう）
所持品検査により害される相手方の法益と、所持品検査により保護される公共の利益のバランス、あるいはそのバランスがとれているかどうかの判断のことです。

具体的状況のもとで相当
相手方の承諾がなくとも、一定の行為をするための、さらには、一定の有形力の行使をするための要件です。これが、①必要性、②緊急性、③バランスによって総合的に判断される、というのが裁判所の姿勢です。

ここに**Focus** ⏱7分

❶　職務質問に付随して認められる所持品検査は、当然、職務質問同様、強制にわたってはならない。【判例A】

❷　所持品検査は強制にわたってはならないのであるから、「捜索」「差押え」といった強制活動に至れば、違法となる。【判例A】

❸　所持品検査には警職法等の明文の根拠がないが、判例・学説上、一定の要件のもと、適法に実施できるものと判断されており、このことに争いはない。

❹　所持品検査には、「承諾を得て行う所持品検査」と「承諾なしに行う所持品検査」がある。【判例B】

❺　承諾なしに行う所持品検査の場合、捜索に至らないこと、強制にわたらないことのほか、「必要性」「緊急性」「法益権衡」を考慮した、総合判断としての「具体的状況のもとで総合」という要件を充たさなければならない（判例）。

❻　承諾を得て行う所持品検査の場合、相手方の服のポケット等に手を入れて探すといった行為は、相当な手順を尽くし、どうしても行う必要性があるなど例外的なときに限って認められる（判例）。

❼　承諾を得て行う所持品検査の場合、自動車の車内を徹底して検索するときは、やはり相当な手順を尽くし、どうしても行う必要性があるなど例外的なときに限って認められる（判例）。

❽　承諾なしに行う所持品検査の場合、相手方の所持品を外部から触れる行為については、比較的広く認められる（判例）。

❾　承諾なしに行う所持品検査の場合、相手方の服のポケット、バッグ等に手を入れて調べ、在中品を取り出すといった行為は、極めて異例な場合を除き認められない。【判例C】

❿　承諾なしに行う所持品検査の場合、相手方がその所持品検査の最中に所持品を隠匿・投棄しようとしたときは、必要かつ相当な範囲で有形力を行使し、相手方の行為を制止することができる。ただし、制止行為が終われば有形力を行使することはできなくなる。【判例D】

 判例 A

Ⓠ 所持品検査のための説得が違法となる場合はあるか？

Ⓐ 説得が既に「強要」となったときや、職務質問実施の要件を充たさなくなったときは、違法とされる。

名古屋高裁金沢支部判昭56.3.12要旨

挙動不審で覚醒剤所持の疑いのある者に対して所持品の提示を求め、「ガサビラでガサする」と言い、これに渋々応じたことを根拠にポケットから所持品を取り出した行為は、違法な所持品検査である。

判例 B

Ⓠ 所持品検査についての承諾は、明示のものに限られず、黙示のものであってもよいか？

Ⓐ 黙示のものであってもよい。

大阪地判昭47.12.26、最決昭63.9.16要旨

相当程度犯罪の嫌疑を抱いた状況の下で、質問に黙秘し、外部からの着衣接触にも拒否の態度を示さなかった者に「持ち物を見せてもらうぞ」といっても拒まなかった場合には、黙示の承諾があったと判断できる。

他方、抵抗している者を警察署に搬送し、署内で所持品検査を求めたところ、相手方がふてくされた態度で上衣を脱いで投げ出した場合には、意思に反して警察署に連行されたことなどを考えると、黙示の承諾があったとは認められない（編者注：黙示の承諾があったかどうかは、1件1件、個別具体の判断がなされるため、事案の経緯・当事者の行為を踏まえ、黙示の承諾が認定された判例もあれば、否定された判例もある）。

判例 **C**

Ⓠ 承諾なしに行う所持品検査の場合、絶対に相手方のバッグ、着衣等に手を入れて調べ、在中品を取り出してはならないのか？

Ⓐ 「必要性」「緊急性」「法益権衡」を踏まえた総合判断として、「具体的状況のもので相当」かどうかによるが、上記の行為は既に「捜索」に近い行為であるから、ほとんどの判例が違法としている。

最判昭53.9.7、最決平7.5.30、東京高判平13.1.25要旨

　承諾のないとき、数人で体を押さえつつ、ポケットの中で所持品を握っている手を引き抜いて、数分間にわたって体を押さえるなどして腕を制止させて手に握っているものを確認するのは違法である。承諾なしにポケットに手を入れる行為、承諾なしに所持品をこじあける行為（所持品の鍵を破壊する行為を含む）、承諾なしにポケットから在中品を取り出す行為は、ほぼ全て違法である（編者注：1件1件の判断となるから、必ず違法とはいえないまでも、ほとんどの判例が違法と判断していることを踏まえておくべきである。また、「ポケットの中に手を入れる」タイプの有形力の行使も、「握り拳を開かせる」タイプの有形力の行使も、相手方の承諾がなければ、いずれも捜索同様の行為であり、よって違法と判断される可能性が極めて高い）。

判例 **D**

Ⓠ 所持品検査の相手方が所持品を捨てたり、飲み込もうとしたりしたときは、有形力が行使できるか？

Ⓐ 有形力が行使できる。ただし制止行為が終われば、また説得しかできなくなる。

東京高判昭61.1.29、東京高判平10.7.14要旨

　ビニール袋様のものを相手方が口に入れたため、飲み込むのを制止しようとして顎や手足を押さえ、鼻をつまんだ有形力の行使は、適法である。覚醒剤が入っていると思われるビニール袋を、強い力を加えて口から出す行為も、適法である。証拠物となる疑いのあるものを破棄するために取り出された、相手方の手をつかむなどして制止することも、適法である。しかし、制止行為が終わった後、例えば相手方の指をこじあけて、捨てようとした物等を取り上げることは、違法である（編者注：有形力の行使が認められるのは、「所持品検査の継続」のためである。そのために緊急の措置が認められる。しかし、緊急の措置が終われば、また所持品検査一般のステージに戻り、「出してもらう」「見せてもらう」ための説得が必要となる。要するに、どんな事態があろうとも「実力で見せてもらう」ことは許されず（強制活動）、だからⒶのような判断となる）。

PART 1　警察官職務執行法

○×問題で復習

Ｑ　〔1〕　承諾なしに行う所持品検査の場合、相手方の握り拳をこじあけて在中物を取り上げる行為は、一般に違法と考えられる。

〔2〕　承諾なしに行う所持品検査の場合、それが認められるためには、捜索に至らないこと、強制にわたらないことのほか、所持品検査の必要性と緊急性の2要素を考慮しなければならない。

〔3〕　承諾を得て行う所持品検査の場合、相手方の服のポケットに手を入れて在中物を探す行為は、相当な手順を尽くした上であれば、例外的に適法とされる余地はある。

〔4〕　承諾なしに行う所持品検査の場合、相手方の服のポケットを外部から触れる行為は、一般に適法と考えられる。

〔5〕　所持品検査の相手方が所持品を飲み込もうとしたときは、その行為を制止する範囲で、有形力の行使が可能となる。

解答解説

○〔1〕　<u>承諾なしに行う所持品検査の場合、相手方の握り拳をこじあけて在中物を取り</u>
　　　　　　例外的場合となる。　　　　　　　　　　　　　無承諾で鞄を開くのと同じである。
　　　<u>上げる行為は、一般に違法と考えられる。</u>
　　　　　　　　　　　　　　判例の立場である。

×〔2〕　<u>承諾なしに行う所持品検査の場合、有形力を行使するに当たっては、搜索に至</u>
　　　　　　例外的場合となり、判例の要件を充たす必要が生じる。
　　　<u>らないこと、強制にわたらないことのほか、所持品検査の必要性と緊急性の2要</u>
　　　これは当然で、職質のプロセスを通じて常に求められる。
　　　<u>素を考慮しなければならない。</u>
　　　①必要性＋②緊急性＋③法益権衡に基づいた「相当」性が必要となる。

○〔3〕　<u>承諾を得て行う所持品検査の場合、相手方の服のポケットに手を入れて在中物</u>
　　　　　原則的場合＝任意性がある。　　　　　　プライバシーの侵害の度合いが大きい＝バランス
　　　<u>を探す行為は、相当な手順を尽くした上であれば、例外的に適法とされる余地は</u>
　　　が崩れがち　　　　十分な説得や、まず外表から触れてみるなど。
　　　<u>ある。</u>
　　　承諾はあるのだから、適切に段階を踏んでいれば、直ちにガサとはみなされない。

○〔4〕　<u>承諾なしに行う所持品検査の場合、相手方の服のポケットを外部から触れる行</u>
　　　　　例外的場合となる。　　　　　　　　　　　　　　　　　　ポケットに限らず、
　　　<u>為は、一般に適法と考えられる。</u>
　　　所持品を外部から触れる行為は、プライバシー侵害の度合いが小さいから。

○〔5〕　<u>所持品検査の相手方が所持品を飲み込もうとしたときは、その行為を制止する</u>
　　　　　　　　　他に破壊・隠匿等、要は所持品検査の対象物を壊すなどしようとしたとき全般
　　　<u>範囲で、有形力の行使が可能となる。</u>
　　　　　　　一時的な制止行為はガサ等ではないから。

Chapter 4 凶器捜検 ⏱20分

関係条文

·········· **警察官職務執行法** ··········

（質問）

第2条 （略）

2・3 （略）

4 警察官は、刑事訴訟に関する法律により逮捕されている者については、その身体について凶器を所持しているかどうかを調べることができる。

こんな問題が出る!

次は、凶器捜検に関する記述であるが、誤りはどれか。 ⏱3分

〔1〕 警職法第2条第4項に規定する凶器捜検の権限は、強制活動である。

〔2〕 凶器捜検の結果、凶器が発見されたときは、当該凶器を取り上げ、一時保管することができる。

〔3〕 凶器捜検の対象となる「逮捕されている者」には、勾留状や収容状の執行を受けた者が含まれる。

〔4〕 凶器捜検が可能となるのは、逮捕の現場に限られる。

〔5〕 警職法第2条第4項の凶器捜検を根拠に、証拠保全のための捜索差押えや身体検査を実施することはできない。

〔解答〕 〔4〕

STEP 1 ⏱3分

警職法は、逮捕に関連して、警察官の危険防止と、逮捕された者の自傷行為防止のため、逮捕された者の身体について、凶器を捜すことのできる権限を与えている。これがいわゆる凶器捜検である。また上の2つの目的から、発見された凶器

即時強制
国民の身体・財産に直接実力を行使し、目的を達成することのできる強制活動のことです。相手方の

は、当然に「取り上げ」「一時保管」することができるものと解されている。これらの権限は、警職法第2条の中では異色であるが、強制活動である。よって、相手方の任意の承諾があろうとなかろうと、強制的に「調べることができる」し、上記のとおり強制的に「取り上げ」「一時保管」することもできる（行政法の概念でいう「即時強制」の権限である）。

STEP 2 4分

警職法第2条第4項に規定する「逮捕」は、広く刑訴法に基づく身体の拘束全般を指すため、「勾留状」「収容状」の執行を受けた者も、凶器捜検の対象となる。さらに、少年法第13条に規定する「同行状」の執行を受けた者も、同じく凶器捜検の対象となる。

「逮捕されている者」について凶器捜検ができるのであるから、逮捕中は凶器捜検を行うことができ、それは逮捕の現場に限られず、また回数的・場所的制限がない。むろん、私人逮捕の場合に被疑者の引渡しを受けたときも、当然に可能である（警察官による現行犯逮捕のときも当然に可能である）。

ただし、凶器捜検は「警察官の危険防止」「相手方の自傷行為防止」のための権限であるから、「証拠保全のための活動」は、令状を得て、捜索差押え、身体検査、検証等の活動として行わなければならない（それぞれの活動の目的が異なるため、可能となる行為が異なってくる点に注意）。

加えて、上記の凶器捜検の目的から、コートを脱がせる、着衣の上から検査する、ポケットの中を検査する、靴の中を検査するといった行為は認められるが、裸にして検査をすることまでは許されない。

拒否・抵抗を、直接実力で排除することが認められるほか、そのような相手方については、公務執行妨害罪が成立します。

PART1 警察官職務執行法

ここに Focus

❶　警職法第2条第4項に規定する凶器捜検の権限は、警察官の危険防止と、逮捕された者の自傷行為防止のため、認められたものである（2つの目的）。

❷　凶器捜検の権限は、強制活動である（即時強制）。

❸　凶器捜検の権限には、発見された凶器を取り上げ、一時保管する権限を含む。

❹　凶器捜検の権限の対象となる者には、逮捕状の執行を受けた者、勾留状の執行を受けた者、収容状の執行を受けた者、同行状の執行を受けた者が含まれる。

❺　およそ逮捕中であれば凶器捜検を実施でき、それに時間的・場所的・回数的な制限はない（凶器捜検の必要性が認められれば、何度でも、いつでも可能である）。

❻　現行犯逮捕の場合であっても、私人逮捕の場合であっても、警察官は凶器捜検の権限を行使できる。

❼　証拠品の収集・保全を目的とするときは、凶器捜検の権限でなく、刑訴法に規定する捜索差押え、身体検査、検証等の活動を実施しなければならない。

❽　凶器捜検の目的から、相手方を裸にして検査をすることまでは許されない（①の「2つの目的」を実現する上で、相手方を裸にするまでの必要性はない）。

○×問題で復習

Q

〔1〕　凶器捜検の権限は、任意活動ではないという点で、所持品検査と異なる。

〔2〕　「逮捕されている者」については、凶器捜検の必要性が認められるかぎり、何度凶器捜検を実施しても問題はない。

〔3〕　凶器捜検の権限によって、相手方のポケットに手を入れて凶器を取り出し、一時保管することは適法である。

〔4〕　承諾なく、勾留状の執行を受けた者の靴を脱がせて中身を検査することは適法である。

〔5〕　凶器捜検の権限を行使して、相手方の身体を捜索し、その隠匿していた凶器を差し押さえることには問題がない。

解答解説

○〔1〕　凶器捜検の権限は、<u>任意活動ではないという点で、所持品検査と異なる。</u>
　　　　　　　　　　　　　　　そのとおり。即時強制＝強制活動である。

○〔2〕　「逮捕されている者」については、凶器捜検の<u>必要性が認められるかぎり、何</u>
　　　　　　　　　　　　　　　　　　　　　　大前提である。
　　<u>度凶器捜検を実施しても問題はない。</u>
　　必要性があるかぎり、時間的・場所的・回数的制限はない。

○〔3〕　凶器捜検の権限によって、<u>相手方のポケットに手を入れて凶器を取り出し、一</u>
　　　　　　　　　　　　　　　　　一般に所持品検査ではできないが、即時強制では可能。
　　<u>時保管する</u>ことは適法である。
　　明文はないが、凶器を発見するだけでは意味がなく、当然の権限と解されている。

○〔4〕　<u>承諾なく、勾留状の執行を受けた者の靴を脱がせて中身を検査することは適法</u>
　　　　　即時強制である。　　警職法第2条第4項の「逮捕」は広い概念である。
　　<u>である。</u>

×〔5〕　凶器捜検の権限を行使して、相手方の<u>身体を捜索し</u>、その隠匿していた凶器を
　　　　　　　　　　　　　　　　　　　　証拠品の収集・保全と考えられる。
　　<u>差し押さえる</u>ことには問題がない。
　　凶器捜検の目的外である以上、刑訴法の捜索差押えによるべき。

自動車検問 ⏱30分

関係条文

········· 警察官職務執行法 ·········

（質問）
第2条　警察官は、異常な挙動その他周囲の事情から合理的に判断して何らかの犯罪を犯し、若しくは犯そうとしていると疑うに足りる相当な理由のある者又は既に行われた犯罪について、若しくは犯罪が行われようとしていることについて知つていると認められる者を停止させて質問することができる。
2〜4　（略）

こんな問題が出る!

次は、自動車検問に関する記述であるが、誤りはどれか。 3分

〔1〕　いわゆる自動車検問には、職務質問としての車両の停止と、一般の自動車検問と、道路交通法に基づく車両の停止とがある。

〔2〕　警職法第2条第1項の要件を充たさない車両（運転者）にあっては、自動車検問を実施することができない。

〔3〕　酒気帯び運転の禁止の規定に違反して車両が運転されていると認められるときは、その車両を停止させることができる。

〔4〕　職務質問としての車両の停止を求める場合、具体的な状況によっては、車両を一時的に停止させ、その状態を継続させるための有形力の行使が認められやすい。

〔5〕　あまりに長時間、車両の発進を止める行為は、違法な強制活動と評価され得る。

〔解答〕〔2〕

次は、自動車検問に関する記述であるが、誤りはどれか。

〔1〕　一斉検問の対象者が、警職法第2条第1項に規定する不審者と認められるに至ったときは、有形力の行使が可能となり得る。

〔2〕　整備不良車両に該当すると認められる車両が運転されているときは、警察官には、当該車両に対する停止命令権があるが、停止を直接強制することまではできない。

〔3〕　一斉検問においては、職務質問と同水準の説得・追及を行うことができない。

〔4〕　自動車検問の全てにおいて、車両のスイッチを切り、あるいはエンジンキーを取り上げることができると考えるのは誤りである。

〔5〕　自動車の機動性・物理力に鑑み、職務質問としての車両の停止において、有形力の行使が強制にわたったとしても違法ではない。

〔解答〕〔5〕

STEP 1

　実務上の自動車検問には、大きく3種類がある。①警職法に規定する職務質問として実施される車両の停止と、②一般の任意活動（国民の権利・自由を侵害せず、よって警察の責務の範囲内で適正に行われるのであれば、特段の法律の根拠を必要としない活動）として実施される車両の停止＝いわゆる一斉検問と、③道交法の具体的な規定に基づいて実施される車両の停止、の3種類である。

　③は道交法の具体的な条文が根拠となる。②は一般の任意活動ゆえ法律の根拠を要しないが、判例はそれが適法となるための複数の要件を示している。①はまさに職務質問であるから警職法第2条第1項が要件となるので、理解は難しくはないが、人と異なり車両の停止であることから、どこまで強力な有形力が行使できるかが、大きな論点となっている。

道交法の具体的な条文

同法第61条、第63条第1項、又は第67条第1項が根拠となります。どこまで強制できるか、罰則があるかについて、警職法と異なります。

任意活動・法律の根拠

②について「警察法第2条が根拠となる」という表現がされることがありますが、それは誤りです。警察法第2条に規定する警察の責務の範

STEP 2

①の車両の停止について、大きな論点となるのは、相手方の車両が発進しようとするのを停止する有形力の行使である。ここで、車両は逃走手段としての力が大きく、また、「車両」に対する有形力の行使は「人」に対する有形力の行使ではないことから、歩行者を停止させる場合より、停止のための有形力の行使が認められやすい。警察車両で追跡して誘導すること、警察車両で前後から挟み撃ちにすることも、具体的状況によっては認められる。同じく具体的な状況によっては、発進しようとする車両のスイッチを切り、エンジンキーを取り上げることも認められる。しかしながら、①は職質の１パターンなのであるから、有形力の行使の限界や、強制にわたってはならないこと、説得・留め置きがあまりに長時間になってはならないことは、職質一般と同様である。

②の車両の停止＝一斉検問については、警職法も、あるいはその不審性の要件も全く無関係に行われるのであるから、①＝職質で認められるような有形力の行使は認められない。これについて判例は、「短時分の停止を求めて、運転者などに必要な事項について質問等を行う」ことは、「それが相手方の任意の協力を求める形で行われ、自動車の利用者の自由を不当に制約することにならない方法、態様で行われる」限り、適法であると判示しており、これが②の要件となる。よって、質問における説得・追及の水準も、職質で認められるような水準に達することはできない（遥かにセーブする必要がある）。

③は、「乗車・積載・牽引に係る危険」「整備不良」「無免許運転」「酒気帯び運転」「過労運転」等の具体的な場合における権限であるから、道交法の各条文を読んで内容を整理しておけば足りる。なお、③の場合、警察官には停止命令権があるが、原則として、停止を直接強制することまではできない。

囲内であれば、警察は国民の権利・自由を制限しない任意活動を、法律の根拠をなくして実施可能です（それについて、例えば判例が、いくつかの条件・制約を課すことはあります）。

①における有形力の行使

①は職質そのものですから、「必要性」「緊急性」「など」「バランス」を踏まえた、総合判断としての「相当」性が求められるのは当然です。ただ車両の停止の場合、車両の「強力性」「機動性」ゆえ、その総合判断が、一般的には警察官に有利に傾く、だから比較的強力な措置がとれる、ということです。

②における有形力の行使

②は職質でも何でもないので、職質で認められ得る有形力の行使が認められないのは当然です。そもそも相手方は不審者でも何でもありません。ゆえに判例は「短時分」「必要な事項」「任意の協力」「自由を不当に制約しない方法・態様」という、不審者でも何でもない人を保護するための縛りを掛けています。

ここに **Focus**

❶ 　いわゆる自動車検問には、大別して、職務質問としての車両の停止と、一般の自動車検問と、道路交通法に基づく車両の停止の３種類がある。

❷ 　職務質問としての車両の停止は、まさに職務質問の１スタイルであり、警職法第２条第１項の要件を充たした車両（運転者等）に対して実施される。

❸ 　職務質問としての車両の停止においては、有形力の行使が可能であり、具体的状況に応じて、警察車両で追跡して誘導すること、警察車両で前後から挟み撃ちにすること、発進しようとする車両のスイッチを切り、エンジンキーを取り上げることも認められる。

❹ 　一般の自動車検問とは、いわゆる一斉検問であり、警職法第２条第１項の要件を充たさない車両（運転者等）について、明文の根拠のない任意活動として実施される。

❺ 　いわゆる一斉検問においては、職務質問で許されるような、有形力の行使は認められない。

❻ 　いわゆる一斉検問が適法なものであるためには、質問が短時分である、任意の協力がある、自動車の利用者の自由を不当に制約しない、といった判例の示す要件を充たす必要がある。

❼ 　道路交通法に基づく車両の停止とは、同法第61条、第63条第１項又は第67条第１項の場合において、警察官が関係車両を停止させるときをいう。

❽ 　道路交通法に基づく車両の停止が可能な場合とは、具体的には、「乗車・積載・牽引に係る危険」「整備不良」「無免許運転」「酒気帯び運転」「過労運転」等の場合である。

判例
A

Q 職務質問としての車両の停止においては、どのような有形力の行使が可能か？

A 具体的状況に応じて、運転席ドアを両手でつかむ行為、窓から手をのばしハンドルをつかむ行為、相手方の車両を数台の車で取り囲む行為、相手方の車両の進路を自動車3台でふさぐ行為、一時的に車止めを装置する行為等が、過去の判例で適法とされている。

東京高判昭34.6.29、東京高判昭45.11.12、東京高判平8.6.28、東京高判平9.4.3、大阪高判平11.12.15、名古屋高裁金沢支部判昭56.3.12要旨
（Ⓐの各行為を適法と判示したもの）

判例
B

Q 職務質問としての車両の停止において、車両のスイッチを切り、エンジンキーを取り上げる行為は、どのような場合に認められるか？

A 職務質問を行うため停止させる必要がある場合で、必要かつ相当な行為と認められるときに適法とされる。このとき、飲酒をしている、異常な言動が見受けられる、自動車が危険な場所に停止しているなどの状況が加われば、危険防止のための応急措置としても適法とされる。

最決昭53.9.22、最決平6.9.16要旨
　信号を無視した者に下車を求め、降りてきた者に酒臭がしたため酒気検知すると告げたところ、車に乗って発進しようとしたので、運転席の窓から手を入れてエンジンキーを回転させてスイッチを切った行為は、職務質問を行うため停止させる方法として必要かつ相当な行為であり、同時に道交法の規定に基づく危険防止のための応急措置としても適法である。
　また、覚醒剤使用の嫌疑があり、周囲の状況を正しく認識する能力の減退などをうかがわせる異常な言動が認められ、滑りやすい状況にあったのに自動車を発進させようとするときに、エンジンキーを取り上げる行為は、上記と同様の理由により適法である。

判例 C

Q いわゆる一斉検問の根拠は？

A 任意活動には、必ずしも法律の根拠は必要ない。しかし、無制限に許されるものではないから、裁判所による一定の制約を受ける。

最決昭55.9.22要旨

　警察法２条１項が「交通の取締」を警察の責務としていることに照らすと、交通の安全等に必要な警察の諸活動は、強制力を伴わない任意手段による限り、一般的に許容される。しかし、それが国民の権利、自由の干渉にわたるおそれのあるときは、任意手段によるからといって無制限に許されるべきものでない（編者注：よって、判例は一斉検問につき、一定の「制限」を掛けたのである）。

○×問題で復習

5分

Q 〔1〕 自動車検問のうちには、道路交通法の具体的な条文に基づき実施されるものがある。

〔2〕 いわゆる一斉検問においては、有形力の行使が認められないほか、質問に際しての説得・追及も、職務質問のときのようには実施できない。

〔3〕 いわゆる一斉検問において、相手方が警職法に規定する不審者であると認められたときは、職務質問としての有形力の行使が可能となり得る。

〔4〕 ドアやハンドルをつかむ行為は一般に適法だが、車両のスイッチを切り、あるいはエンジンキーを取り上げるのは、強制活動として違法である。

〔5〕 職務質問としての車両の停止においては、判例上、歩行者に対する有形力の行使の場合よりも、有形力の行使が認められやすい。

解答解説

○〔1〕 <u>自動車検問</u>のうちには、<u>道路交通法の具体的な条文に基づき実施されるものが</u>
大別して３種類ある。第61条、第63条第１項、第67条第１項
ある。

○〔2〕 いわゆる<u>一斉検問</u>においては、<u>有形力の行使が認められない</u>ほか、質問に際し
＝一般の自動車検問　　　職質ではないから。
ての<u>説得・追及</u>も、<u>職務質問のときのようには実施できない</u>。
そもそも不審者ではないから。

○〔3〕 いわゆる一斉検問において、相手方が<u>警職法に規定する不審者であると認めら</u>
無根拠の任意活動から、警職法第２条第１項を根拠とする車両の停止に切り換わる。
<u>れたとき</u>は、職務質問としての有形力の行使が可能となり得る。
職質で強制にわたらない有形力の行使が可能となり得るのは当然。

×〔4〕 ドアやハンドルをつかむ行為は一般に<u>適法</u>だが、車両のスイッチを切り、ある
適法とされた判例が多いが、場合による。　　　　スイッチを切り、あるいは
いは<u>エンジンキーを取り上げる</u>のは、<u>強制活動として違法である</u>。
エンジンキーを取り上げるのは判例上、「有形力の行使」であって「強制活動」ではない。

○〔5〕 職務質問としての車両の停止においては、<u>判例上</u>、<u>歩行者に対する有形力の行</u>
判例の姿勢。車両そのものが逃走手段であり、また、
使の場合よりも、有形力の行使が認められやすい。
「人」に対する有形力の行使よりも、権利侵害の度合いが少ないとされる。

6 保　護

30分

関係条文

············ **警察官職務執行法** ············

（保護）

第3条　警察官は、異常な挙動その他周囲の事情から合理的に判断して次の各号のいずれかに該当することが明らかであり、かつ、応急の救護を要すると信ずるに足りる相当な理由のある者を発見したときは、取りあえず警察署、病院、救護施設等の適当な場所において、これを保護しなければならない。

一　精神錯乱又は泥酔のため、自己又は他人の生命、身体又は財産に危害を及ぼすおそれのある者

二　迷い子、病人、負傷者等で適当な保護者を伴わず、応急の救護を要すると認められる者（本人がこれを拒んだ場合を除く。）

2　前項の措置をとつた場合においては、警察官は、できるだけすみやかに、その者の家族、知人その他の関係者にこれを通知し、その者の引取方について必要な手配をしなければならない。責任ある家族、知人等が見つからないときは、すみやかにその事件を適当な公衆保健若しくは公共福祉のための機関又はこの種の者の処置について法令により責任を負う他の公の機関に、その事件を引き継がなければならない。

3　第1項の規定による警察の保護は、24時間をこえてはならない。但し、引き続き保護することを承認する簡易裁判所（当該保護をした警察官の属する警察署所在地を管轄する簡易裁判所をいう。以下同じ。）の裁判官の許可状のある場合は、この限りでない。

4　前項但書の許可状は、警察官の請求に基き、裁判官において已むを得ない事情があると認めた場合に限り、これを発するものとし、その延長に係る期間は、通じて5日をこえてはならない。この許可状には已むを得ないと認められる事情を明記しなければならない。

5　警察官は、第1項の規定により警察で保護をした者の氏名、住所、保護の理由、保護及び引渡の時日並びに引渡先を毎週簡易裁判所に通知しなければならない。

こんな問題が出る！

次は、保護に関する記述であるが、誤りはどれか。

〔1〕　警職法第3条に規定する保護の対象者は、いわゆる1号対象者と、いわゆる2号対象者の2種類がある。

〔2〕　警職法第3条に規定する保護の対象者を発見したときは、警察官は、当該者を義務的に保護しなければならない。

〔3〕　いわゆる1号対象者についての「精神錯乱」とは、精神に関する病気によって正常な判断・意思能力を欠いた者のほか、極度の興奮、薬物等の影響といった一時的な原因によって、精神に関する病気同様の状態にある者も含まれる。

〔4〕　保護者を伴っている限り、1号対象者も2号対象者も、義務的な保護の対象とはなり得ない。

〔5〕　警察法第3条の保護を実施すべき場所は、条文に明記されている警察署、病院、救護施設に限定されるわけではない。

〔解答〕　〔4〕

こんな問題が出る！

次は、保護に関する記述であるが、誤りはどれか。

〔1〕　いわゆる1号対象者である「泥酔者」とは、アルコールの影響によって意識が混濁し、正常な判断・意思能力を欠いた状態にある者を意味するが、医学的な意味での「泥酔」かどうかではなく、「社会通念上」泥酔してそのような状態にあれば足りる。

〔2〕　いわゆる2号該当者が警職法に規定する保護を明確に拒んだときは、保護を実施することができないが、明確に拒まないときや、正常な意思能力を欠いているときは、承諾がなくとも保護を実施できる。

〔3〕　いわゆる1号該当者については、即時強制として、抵抗を実力で排除し、強制的に連行・確保することができるが、いわゆる2号該当者については、当該者が保護を明確に拒んでいれば、保護を実力で強制することはできない。

〔4〕　酒に酔っていても「泥酔」の状態にはないと認められる者については、いわゆる酪規法の保護の対象となり得るが、警職法と酪規法のいずれの要件にも該当する状態にある者は、特別法である酪規法の保護を実施すべきである。

〔5〕　保護すべき相手方が実際に所持している危険物・凶器を取り上げること、それらを一時保管すること、身元確認のため所持品を検査することは、いわゆる1号該当者については当然に、かつ、強制的に可能である。

〔解答〕〔4〕

STEP **1**

　まず警職法第3条の条文そのものが頻出であるから、いわゆる1号対象者と2号対象者の定義と差異、保護の時間的制限、保護の延長といった条文そのものの内容については、記憶しておく必要がある（24時間、5日という数字も覚える）。

　その上での頻出事項は、条文の解釈である。

　まず1号対象者に係る要件のうち「精神錯乱」とは、必ずしも精神に関する病気に直結する概念ではなく、極度の興奮、薬物等の影響といった、精神の病気によらない「一時的な原因」によるものでもよいとされる。また1号対象者に係る要件のうち「泥酔」とは、必ずしも医学的な意味での泥酔に限られず、社会通念上＝社会常識で考えて深酔いしており正常な判断・意思能力を欠くと認められればよい。これに関連して、泥酔未満の酩酊者についてはいわゆる酩規法（めいきほう）が適用され得る。警職法・酩規法のいずれもが適用できるときは、実務上、酩規法が警職法を補充する役割を担っていると考えられているため、警職法を優先して適用することとなる。

　「保護しなければならない」との規定上、警察官は、保護対象者を発見すれば、保護する権限があるとともに、保護する義務を負う（もっとも2号対象者にあっては、明確に拒んでいれば結果として保護できない）。

　保護者が現に存在するときは、原則として、1号該当者は保護できるが、2号該当者は条文上、保護できない。また、例えば1号該当者でも、家族とともに在宅し、その家族が対処できる状態にあるときは、条文にいう「応急の救護を要する」差し迫った状態にはないため、保護の対象とはならない。

酩規法
「酒に酔つて公衆に迷惑をかける行為の防止等に関する法律」のことを、実務上、酩酊者規制法＝酩規法、と呼びます。酩規法第3条には、警察法類似の「保護」の規定があります。

STEP 2

　その他、警職法第3条に規定する保護についての頻出事項は、次のとおりである。

　保護の場所としては、条文にある警察署、病院、救護施設のほか、保護をするのに適当な施設が広く認められ、場所的制限はない。また、1号該当者にあっては、明確な拒否があっても保護できるため、警察官はいわゆる即時強制として、相手方の移動・保護の実施・抵抗の排除・連行・確保のため実力を行使することができる（＝強制活動）。この際、1号該当者について強制的に所持品検査をし、その所持する危険物・凶器を取り上げて、一時保管できるほか、その身元を確認するためにも、強制的に所持品検査をすることができる。しかしながら、保護を明確に拒んだ2号該当者については、これらの強制的な所持品検査・一時保管等を実施できない。

　保護の起算点は、路上その他で警察官が現実に保護に着手した時点であり、この時点から24時間を超えて保護をすることは、簡易裁判所の許可がなければできない。また、24時間を超えていなくとも、警職法第3条に規定する要件を充たさなくなったときは、保護を継続できない。

　保護を実施した場合において、その旨を通知すべき「家族、知人等」には、上司、教師、雇用者等、保護の意思と能力を有する関係者も含まれる。家族、知人等が見つからない場合における引継先の「機関」には、保護責任を有しないが保護能力を有する機関が含まれ、それが公の機関であるか私の機関であるかを問わない。

即時強制
国民の身体・財産に直接実力を行使し、目的を達成することのできる強制活動のことです。保護は、1号該当者と、明確に保護を拒まない2号該当者については即時強制、明確に保護を拒んでいる2号該当者については任意活動といえます（幼児や意識を半ば以上失っている者などについては、「明確に拒む」意思能力がありませんので、拒絶言動があっても、実力の行使の対象となり得ます）。

ここに Focus

❶　警職法第3条に規定する保護は、24時間を超えてはならないが、簡易裁判所の裁判官の許可状により、保護に着手した日から起算して、通じて5日間を限度として保護を延長することができる。【判例D】

❷　保護の起算点は、現実に保護を開始した時点である（初日が参入される）。

❸　保護が24時間を超えていなくとも、警職法第3条に規定する要件を充たさなくなったときは、それ以上保護を継続できない。

❹　警察官が保護対象者を発見したときは、これを保護する権限があるとともに、これを保護する義務を負う（いわゆる2号対象者については、明確に保護を拒むのであれば、この義務は果たせないこととなる）。

❺　いわゆる1号対象者の「精神錯乱」とは、必ずしも精神の病気に直結する概念ではなく、精神の病気によらない一時的な原因によるものでもよい。

❻　いわゆる1号対象者の「泥酔」とは、必ずしも医学的な意味に限られず、社会通念上、深酔いしており正常な判断・意思能力を欠くと認められればよい。

❼　泥酔未満の酩酊者にはいわゆる酩規法が適用できるが、泥酔した酩酊者には、条文上は酩規法・警職法のいずれもが適用できるところ、解釈上、警職法を適用することとされている。

❽　保護をするのに適当な施設が、保護をする場所として広く認められることから、保護の場所的制限はない。

❾　いわゆる1号該当者の保護は、即時強制である。

❿　いわゆる1号該当者と、保護を明確に拒まない2号該当者に対しては、その移動・保護の実施・抵抗の排除・連行・確保のため実力の行使ができるほか、強制的に所持品検査をし、身元確認をし、及び危険物・凶器を取り上げて一時保管することが可能である。【判例B】【判例C】

判例
A

Q 保護された者に対して令状を執行するなど、保護された者を犯罪捜査の対象とすることはできるか？

A できるが、犯罪捜査のために保護を用いることは許されず、保護を捜査に利用したと裁判所に認定されれば違法となる。

最決平 3 . 7 .16、大阪高判平19. 9 . 6 要旨

　保護されている者に対して捜査をすることは可能であり、錯乱状態にある保護中の者について令状を得て強制採尿を行うことも適法であるが、例えば任意捜査において、正常な精神状態にない者が欺罔、強制等を受けない自己の意思に基づく同意ができていないと認定される場合もあるほか、保護の名のもとで、保護による拘束状態を捜査に利用したという疑いを招くこともあり得、それらのときは違法となる。

判例
B

Q 保護の際に戒具を用いることは可能か？

A 真にやむを得ない限度に限られ、過剰な使用は許されないが、可能である。

高知地判昭48.11.14要旨

　保護の際の戒具の使用は真にやむを得ない限度に限られ、手錠等の過剰な使用は許されない。後手錠をかけることは、通常の手錠の使用では措置し得ないような事情がある場合のほかは安易に行うべきではない。

判例 **C**

Q 保護において抵抗を実力で封じた場合において、相手方が負傷・死亡したときは違法となるのか？

A 移動・制圧のそれぞれの段階において、実力の行使が必要かつ相当な範囲内なのであれば適法、そうでなければ違法となる。

徳島地判平18.3.24、仙台高判平23.11.8、津地判平26.2.20、福岡高判平24.1.10、佐賀地判平26.2.28要旨

　保護のために真に<u>必要</u>なやむを得ない措置であって、死を招くような<u>著しく危険なものとは評価できない</u>実力の行使には、違法性がない。しかし、明らかに<u>過剰で危険な措置</u>であって、<u>必要</u>な最小限度を逸脱した措置は、違法である。警察官の用いた強制力が<u>必要最小限度</u>の範囲内のものであり、保護行為としての<u>相当性</u>を有していれば、適法である。

判例 **D**

Q 家族等の引取要求があるにもかかわらず、保護した者を引き渡さないことは可能か？

A 24時間以内であれば、可能である。

福岡地判昭56.11.20要旨

　家族等の引取要求があった場合でも、<u>諸般の事情を考慮し、相当と認め</u>れば、身柄拘束時から24時間以内の限度で、警察官はその引取要求を<u>拒絶</u>できる。

○×問題で復習

Q 〔1〕 警職法第3条に規定する保護を、適切な保護ができると認められる民家や公民館において実施しても適法である。

〔2〕 精神錯乱者につき、警職法第3条に規定する保護を実施中、保護した者の所持品の中から覚醒剤を発見したときは、当該覚醒剤を強制的に一時保管できる。

〔3〕 警職法第3条に規定する保護対象者を発見したとしても、具体的状況に応じ、当該者を保護しない判断をすることは適法である。

〔4〕 保護を要すると認められる泥酔者には、酩規法に規定する保護でなく、警職法に規定する保護を実施する。

〔5〕 迷い子、病人、負傷者であっても、抵抗の排除のための実力の行使や、危険物・凶器の検査のための実力の行使ができる場合がある。

解答解説

○〔1〕　警職法第3条に規定する保護を、適切な保護ができると認められる民家や公民
館において実施しても適法である。
　　　　　保護をするのに適当な施設であれば、場所的限定はない。

○〔2〕　精神錯乱者につき、警職法第3条に規定する保護を実施中、保護した者の所持
品の中から覚醒剤を発見したときは、当該覚醒剤を強制的に一時保管できる。
　　　　　1号該当者には即時強制が可能。
　　　　　危険物・凶器は取り上げて一時保管可能。

×〔3〕　警職法第3条に規定する保護対象者を発見したとしても、具体的状況に応じ、
当該者を保護しない判断をすることは適法である。
　　　　　警職法に規定する保護対象者は保護する義務があり、そこに警察官の裁量はない。

○〔4〕　保護を要すると認められる泥酔者には、酩規法に規定する保護でなく、警職法
に規定する保護を実施する。
　　　　　両法が適用できるときは、警職法を適用。

○〔5〕　迷い子、病人、負傷者であっても、抵抗の排除のための実力の行使や、危険
物・凶器の検査のための実力の行使ができる場合がある。
　　　　　2号該当者
　　　　　保護を明確に拒まない2号該当者に対しては、実力の行使が可能である。

Chapter 7　避難等の措置 (30分)

関係条文

………… **警察官職務執行法** …………

（避難等の措置）

第4条　警察官は、人の生命若しくは身体に危険を及ぼし、又は財産に重大な損害を及ぼす虞のある天災、事変、工作物の損壊、交通事故、危険物の爆発、狂犬、奔馬の類等の出現、極端な雑踏等危険な事態がある場合においては、その場に居合わせた者、その事物の管理者その他関係者に必要な警告を発し、及び特に急を要する場合においては、危害を受ける虞のある者に対し、その場の危害を避けしめるために必要な限度でこれを引き留め、若しくは避難させ、又はその場に居合わせた者、その事物の管理者その他関係者に対し、危害防止のため通常必要と認められる措置をとることを命じ、又は自らその措置をとることができる。

2　前項の規定により警察官がとつた処置については、順序を経て所属の公安委員会にこれを報告しなければならない。この場合において、公安委員会は他の公の機関に対し、その後の処置について必要と認める協力を求めるため適当な措置をとらなければならない。

こんな問題が出る！

次は、避難等の措置に関する記述であるが、誤りはどれか。

〔1〕　警職法第4条に規定する権限は、警察官が危険な事態に対処するための一般的・補充的な権限であるから、これ以外に、警察官の権限を認めた法律の特別の規定があるときは、当該特別の規定に基づく権限を行使すべきである。

〔2〕　財産に対する損害を及ぼすおそれのある事態であっても、単に財産に軽微な損害が生ずるおそれがあるにすぎない場合は、警職法第4条に規定する権限を行使することはできない。

〔3〕　警職法第4条に規定する「危険な事態がある場合」においては、警察官は、直ちに関係者を避難させる措置をとり、あるいは関係者に対し危害防止のため通常必要と認められる措置をとることを命じることができる。

〔4〕　警職法第4条に規定する権限は、同条に規定する「危険な事態」の場に居合わせた者に対するのみならず、「危険な事態」を自らの意思で作った者に対しても、行使することができる。

〔5〕　警職法第4条に規定する「避難させ」るとき、及び警察官が「自らその措置をとる」ときは、即時強制として、権限行使の相手方の意思にかかわらず、必要な限度で実力を行使することができる。

〔解答〕　〔3〕

こんな問題が出る！

次は、避難等の措置に関する記述であるが、誤りはどれか。

〔1〕　警察官が、警職法第4条に規定する「措置をとることを命じ」たときであっても、この命令に従わないことに対する罰則がないため、命令を受けた相手方は、当該「措置をとる」法的な義務を負わない。

〔2〕　警職法第4条に規定する「天災、事変、工作物の損壊、交通事故、危険物の爆発、狂犬、奔馬の類等の出現、極端な雑踏」とは例示にすぎず、これら以外であっても、これらと同様の危険を与えるような事態においては全て、警職法第4条に規定する警察官の権限が行使できる。

〔3〕　警察官が、警職法第4条に規定する「措置をとることを命じ」る相手方は、事態の発生・収拾について責任を有する「管理者」等であることが通常であ

るが、現場の状況に応じ必要があれば、それ以外の者に対しても、この命令をすることができる。

〔4〕　警職法第4条第2項に規定する公安委員会への「報告」は、事案の軽重等に応じた合理的な形で行われれば足り、全ての事案についてて逐一詳細に報告する必要はない。
^{ちくいち}

〔5〕　警察官が、警職法第4条に規定する「自らその措置をとる」ときは、本来その措置をとるべき関係者に代わって関係者の義務を行った代執行には該当しないことから、当該関係者から、当該措置に要した費用を徴収することはできない。

〔解答〕〔1〕

STEP **1**

4分

　警職法第4条は、危険な事態において、危害防止のため、①警察官が関係者に警告し、及び、②警察官が強制的な措置をとる権限を規定している。①の警告は任意活動、②の強制的な措置は強制活動（即時強制）である。

　危険な事態があれば、直ちに①の警告を発することができるが、②の強制的な措置は、危険な事態があるほか、「特に急を要する場合」との要件を充たさなければ、とることができない。また①②とも、警察官が危険な事態に対処するための一般的・補充的な権限であるから、警職法以外の法律が、警察官の権限を認めた特別の規定を有するときは、当該特別の規定を優先して適用することとなる。

　なお、人の生命・身体に危険を及ぼすおそれがある事態と、財産に損害を及ぼすおそれがある事態とでは、①②の権限を行使する要件が異なる。すなわち、財産の場合は、「財産に重大な損害を及ぼす」おそれが必要となり、単に財産に軽微な損害が生じるおそれがあるだけでは、①②の権限は行使できない。

即時強制
国民の身体・財産に直接実力を行使し、目的を達成することのできる強制活動のことです。警職法第4条の場合、左の②のうち、警察官が関係者を物理的に動かしたり、警察官が自ら必要な措置をとったりする場合、その手段・態様が必要な限度であれば、相手方の意思がどうあろうと（承諾がなかろうと、抵抗しようと）、実力を行使して強制的に目的を達成することができます。

STEP 2 4分

　上記にいう、②の強制的な措置には3種類がある。ⅰ）引き留めること・避難させること、ⅱ）必要と認められる措置を命じること、ⅲ）警察官が自ら必要と認められる措置をとること、である。

　ⅰ、ⅲの措置は即時強制であるから、措置の相手方の意思にかかわらず、必要な限度で実力を行使することができる。ⅱの措置は関係者・広く危害防止に協力できる者に対して行われ、ⅱの命令を受けた相手方は、命令された措置を行う法的な義務を負う。命令違反の場合は、軽犯罪法の適用の対象となる（軽犯罪法違反の罪に問擬され得る）。ⅲの場合、必要な措置をとるのは警察官であるが、これは相手方の義務を代わって行うものではない（＝代執行ではない）ことから、例えば相手方から費用を徴収することはできない。

　①の警告、②の強制的な措置のいずれについても、公安委員会への報告義務が課されている。ただし、①②を行った全ての事案について、その内容を逐一詳細に報告するまでの必要はなく、事案の軽重等に応じた合理的な形で報告すればそれで足りる。

代執行
行政機関が、何か法律的な義務を負っている義務者のなすべき行為を、自ら代わって行うなどして、その費用を義務者から徴収する強制執行のことをいいます。左のⅲはこれに該当しないため、費用の徴収はできません。

ここに **Focus**

❶　警職法第4条の「避難等の措置」とは、危険な事態において、危害防止のため、ⅰ）警察官が関係者に「警告」をし、及び、ⅱ）警察官が強制的な措置をとる権限のことである。【判例A】【判例C】

❷　警告は、危険な事態があれば発することができるが、強制的な措置は、「特に急を要する場合」の要件を充たさなければ、とることができない。【判例B】

❸　人の生命・身体に危険を及ぼすおそれのある事態があるときは、警告・強制的な措置を実施できるが、財産に損害を及ぼすおそれのある事態の場合は、それが「財産に重大な損害を及ぼす」おそれである必要があり、要件が異なる。

❹　警職法第4条は、警察官が危険な事態に対処するための一般的・補充的な規定であるから、警職法以外の法律が、警察官の権限を認めた特別の規定を有するときは、当該特別の規定を優先して適用する。

❺　避難等の措置のうち、「警告」は任意活動であり、「強制的な措置」は即時強制である。

❻　「強制的な措置」には3種類あり、ⅰ）引き留めること・避難させること、ⅱ）必要と認められる措置を命じること、ⅲ）警察官が自ら必要と認められる措置をとること、が可能である。

❼　「強制的な措置」により、警察官が物理的な措置をとるときは、即時強制として、措置の相手方の意思にかかわらず、必要な限度で実力を行使することができる。

❽　「強制的な措置」により、警察官が関係者・広く危害防止に協力できる者に対して必要な措置を命じるときは、命令を受けた相手方は、命令された措置を行う法的な義務を負い、命令違反の場合は、軽犯罪法違反に問われ得る。

❾　「強制的な措置」により、警察官が自ら必要な措置をとることは、行政法上のいわゆる「代執行」ではないから、他に措置をとるべき関係者がいても、当該関係者から費用を徴収することはできない。

❿　警察官が「避難等の措置」（＝「警告」又は「強制的な措置」）をとったときは、公安委員会にそれを報告する義務があるが、避難等の措置を行った全ての事案について、その内容を逐一詳細に報告するまでの必要はなく、事案の軽重等に応じた合理的な形で報告すればそれで足りる。

判例
A

Q 警職法第4条の権限を行使する際、警察官の裁量は認められるか。

A 切迫した危険の存在を容易に知り得るような場合等においては、裁量が認められず、権限を行使しないことが職務上の義務違反として違法となり得る。

最判昭59.3.23要旨

　関係者の生命、身体の安全が確保されないことが、相当の<ruby>蓋然性<rt>がいぜんせい</rt></ruby>をもって予測され得る状況がある場合において、そのような状況を警察官が容易に知り得るときは、警察官は、警職法4条第1項に規定する権限を適切に行使し、必要な措置を講じ、もって事故等の発生を未然に防止しなければならず、それは警察官の職務上の義務である。

判例
B

Q 避難等の措置を講じた後、警職法第4条の要件を充たしていないことが判明すれば、その避難等の措置は違法となるか？

A 警察官の判断が客観的・合理的なものであったのなら、直ちに違法とはならない。

広島地判昭58.9.29要旨

　避難等の措置をとる際の判断が、当時の周囲の事情に照らして合理的であったとすれば、事後的に警職法第4条第1項の要件を充たしていなかったと判断されたとしても、当該避難等の措置が直ちに違法となることはない（編者注：例えば、強制的な措置をとるための「特に急を要する場合」の判断が事後的に誤っていたとしても、直ちに違法となることはない）。

判例

Q 危険な事態において死傷者が発生したとき、警察署の担当者は刑事責任を負うか？

A 刑事責任を負うことがある。

神戸地判平16.12.17要旨

　花火大会に際し、約200人が負傷、11人が死亡した雑踏事故が発生したときは、警察法第2条及び警職法第4条によって、警察の雑踏警備の職責と権限が定められている以上、警察署の担当者に係る業務上過失致死傷罪が成立する。

○×問題で復習

Q

〔1〕　避難等の措置のうち、「警告」は、相手方に警告に従うべき法的義務を課す
　　　ものではないが、関係者に対する「命令」は、相手方に命令に従うべき法的
　　　義務を課すものである。

〔2〕　災害対策基本法に規定する権限と、警職法第4条の権限とがともに行使で
　　　きるときは、警職法第4条の権限を行使すべきである。

〔3〕　避難等の措置のうち、「警告」とそれ以外の「強制的な措置」とでは、権限
　　　を行使するための要件に差異がある。

〔4〕　財産に重大な損害を及ぼすおそれのある事態において、警察官が関係者に
　　　必要と認められる措置を命ずることには、問題はない。

〔5〕　警察官が、警職法第4条の規定により、危害防止のため、自ら必要な措置
　　　を講ずるときは、抵抗あるいは妨害をする第三者を、実力で排除すること
　　　が可能である。

解答解説

○〔1〕 避難等の措置のうち、「警告」は、相手方に警告に従うべき法的義務を課すも
そもそも任意活動である。
のではないが、関係者に対する「命令」は、相手方に命令に従うべき法的義務を
強制的な措置である。
課すものである。
命令違反の場合、軽犯罪法違反（変事非協力の罪）に問われ得る。

×〔2〕 災害対策基本法に規定する権限と、警職法第4条の権限とがともに行使できる
警職法に対する、特別の規定　　　　一般的・補充的な規定
ときは、警職法第4条の権限を行使すべきである。
特別の規定が優先される。

○〔3〕 避難等の措置のうち、「警告」とそれ以外の「強制的な措置」とでは、権限を

行使するための要件に差異がある。
強制的な措置をとるためには「特に急を要する場合」でなければならない。

○〔4〕 財産に重大な損害を及ぼすおそれのある事態において、警察官が関係者に必要
重大であれば、財産への損害でも警察法第4条の対象となる。
と認められる措置を命ずることには、問題はない。
3種類の強制的な措置の1つである。

○〔5〕 警察官が、警職法第4条の規定により、危害防止のため、自ら必要な措置を講
3種類の強制的な措置
ずるときは、抵抗しあるいは妨害をする第三者を、実力で排除することが可能で
の1つである。　　　　　　　　　　　　　　即時強制なので、相手方の意思・
ある。
承諾の有無にかかわらず、必要な限度で実力行使が可能。

犯罪の予防及び制止

関係条文

……… **警察官職務執行法** ………

（犯罪の予防及び制止）

第5条　警察官は、犯罪がまさに行われようとするのを認めたときは、その予防のため関係者に必要な警告を発し、又、もしその行為により人の生命若しくは身体に危険が及び、又は財産に重大な損害を受ける虞があつて、急を要する場合においては、その行為を制止することができる。

こんな問題が出る！

次は、犯罪の予防及び制止に関する記述であるが、誤りはどれか。

〔1〕　警職法第5条に規定する「犯罪がまさに行われようとする」とは、犯罪が発生する可能性が認められるだけでは足りず、犯罪が発生する可能性が高いことが客観的に明らかになったことを意味する。

〔2〕　警職法第5条に規定する「警告」は、任意活動であり、相手方に警告に従うべき法的義務を課すものではない。

〔3〕　警職法第5条に規定する「警告」は、犯罪を行おうとしている者のみならず、犯罪の被害を受けるおそれのある者、保護者、建物の管理者といった関係者に対しても、発することができる。

〔4〕　警職法第5条に規定する「犯罪」とは、刑罰法規に該当する違法行為のことであり、刑法上の責任要件は充たされていなくてもよい。

〔5〕　警職法第5条に規定する「警告」は、口頭・文書の方法によるほか、警察官の動作によることも、具体的状況に応じて拳銃を使用することも可能である。

〔解答〕〔5〕

こんな問題が出る！

次は、犯罪の予防及び制止に関する記述であるが、誤りはどれか。

〔1〕　不退去罪、公然わいせつ罪、名誉毀損罪、軽微な器物損壊であっても、警職法第5条に規定する「制止」の対象となる。

〔2〕　警職法第5条に規定する「警告」と、同条に規定する「制止」とでは、権限を行使するための要件が異なる。

〔3〕　警職法第5条に規定する「制止」は、犯罪を行おうとするのを実力で阻止する行為であるから、制止の対象者は犯罪を行おうとする者のみであって、それ以外の関係者に対しては行い得ない。

〔4〕　警職法第5条に規定する「制止」に伴い、相手方から危険物・凶器を取り上げたときは、危険な状態でなくなれば、それを相手方に返還する義務がある。

〔5〕　警職法第5条に規定する「制止」は、即時強制であるから、相手方を抱き止めること、一時的に押さえつけること、他の場所に連れ出すこと、凶器を取り上げることが、強制的に可能である。

〔解答〕〔1〕

STEP 1

　警職法第5条のいわゆる「犯罪の予防及び制止」の規定により認められる権限には、「警告」と「制止」がある。警告は任意活動であり、相手方に警告に従うべき法的義務を課すものではない。他方で制止は即時強制であり、犯罪を強制的に、実力を行使して阻止する行為を意味する。

　よって、警告が「犯罪がまさに行われようとするのを認めたとき」直ちに行い得るのに対し、制止はそれに加え、「もしその行為により人の生命若しくは身体に危険が及び、又は財産に重大な損害を受ける虞があつて、急を要する場合」という要件が充たされたとき、初めて行い得る（したがって、犯罪の性質として人の生命・身体に危険が及ばないもの、あるいは財産に重大な損害を与えないものについては、警職法第

制止の対象となる犯罪
罪名・罪種でなく、具体的な事実関係の下で生命・身体への危険、あるいは財産への重大な損害を生じさせるものかどうかで判断されますが、財産に軽微な損害しか与えないものや、生命・身体・財産に直接危険を与えないもの、あるいは、多くの行政的な規制法令違反については、警職法第5条に規定

5条に規定する制止は行えない）。

　またそのような差異から、警告は犯罪を行おうとしている者のみならず、犯罪の被害を受けるおそれのある者、保護者、建物の管理者といった関係者に対しても、広く発することができるが、制止は即時強制の相手方、すなわち犯罪を行おうとする者にのみ行い得るものである。

する制止を行うことができません。

STEP 2 （4分）

　警職法第5条に規定する「警告」「制止」を行うための要件である「犯罪がまさに行われようとする」とは、犯罪が発生する可能性が高いことが客観的に明らかになったことをいい、単に犯罪発生の可能性があるだけでは足りない。

　なお、警職法第5条に規定する「犯罪」とは、刑罰法規に該当する違法行為＝構成要件に該当する違法な行為であればよく、責任要件を欠いている場合＝有責でない場合を含む。警告・制止の権限は、刑事責任を追及するためのものではなく、また、被害防止の観点からは有責性を求める必要がないからである。したがって、例えば刑事未成年者の行為も権限行使の対象となる一方、例えば正当防衛・正当行為として違法性を欠く行為は、権限行使の対象とならない（適法な行為に対しては警告等すべきでないから）。

　「警告」の具体的方法は、口頭・文書の方法によるほか、具体的な状況に応じ、警察官の動作によることも、警棒を構えることも可能である。しかし、警告は任意活動であるから、拳銃その他の武器を使用することは、任意活動では認められない心理的な強制となることから、警告としては不可能である。

　「制止」の具体的な方法は、制止が即時強制であることから、①事態に応じて必要な限度であり、②社会通念上相当と認められるものでなければならず、③事態が解消したときは継続不可能となる一方、これらを遵守するのであれば、相手方を抱き止める、一時的に押さえつける、他の場所に連れ出す、凶器を取り上げる、放水車によって放水する、警棒を使用する、

心理的な強制
任意活動においては、物理的な強制を行うことができないのは当然ですが、心理的な強制もまた、許されません。武器の使用は心理的強制となりますが、警棒は警職法上「武器」ではなく、よって警棒の使用は、一般論としては心理的強制とはいえません。

社会通念
端的には、社会常識、一般常識のことです。

拳銃その他の武器を使用するなどの実力行使が可能である。
ただし、③から、逮捕のように相手方を継続的に拘束したり、
取り上げた物件を継続的に占有し続けて返還しないことは許
されない。

ここに Focus （7分）

① 警職法第5条の「犯罪の予防及び制止」は、具体的には、警察官による「警告」の権限と、警察官による「制止」の権限を規定している。

② 「警告」ができるのは、犯罪がまさに行われようとするのを認めたときであるが、「制止」ができるのは、それに加え、ⅰ）その行為により人の生命・身体に危険が及ぶか、又は、ⅱ）その行為により財産に重大な損害を受けるおそれがあって、しかも、ⅲ）急を要する場合に限定され、警告と制止で要件の差異があるほか、生命・身体と財産とで要件に差異がある。

③ 警告は任意活動であり、相手方に警告に従うべき法的義務を課すものではないが、制止は即時強制であり、強制的に、実力を行使して犯罪を阻止する行為である。

④ 警告と制止の性質・要件の違いから、人の生命・身体に危険が及ばない犯罪、あるいは財産に重大な損害を与えない犯罪に対しては、警職法第5条に規定する制止は行えない（警告にはそのような制限がない）。【判例C】

⑤ 警告と制止の性質・要件の違いから、警告は犯罪を行おうとしている者のみならず、犯罪の被害を受けるおそれのある者、保護者、建物の管理者といった関係者に対して広く発することができる一方、制止は即時強制の相手方である犯罪を行おうとしている者にのみ行い得る。

⑥ 警告と制止を行うための要件である「犯罪がまさに行われようとする」とは、犯罪が発生する可能性が高いことが客観的に明らかになったことをいい、単に犯罪が発生する可能性があるだけではこの要件を充たさない。

⑦ 「犯罪がまさに行われようとする」の「犯罪」とは、構成要件に該当する違法な行為であればよく、有責な行為であることを要しない。

⑧ 警告は、口頭・文書の方法によるほか、具体的状況に応じ、警察官の動作によることも、警棒を構えることも可能であるが、拳銃その他の武器を使用することはできない。【判例A】

⑨ 制止は、ⅰ）事態に応じて必要な限度であり、ⅱ）社会通念上相当と認められるものでなければならず、ⅲ）事態が解消したときは継続不可能となる。

⑩ 制止における実力行使として、⑨の要件の下、相手方を抱き止める、一時的に押さえつける、他の場所に連れ出す、凶器を取り上げる、放水車によって放水する、警棒を使用する、拳銃その他の武器を使用するなどの行為が可能である。【判例B】

判例
A

Q 警職法第5条の警告として、相手方の前に立ちふさがり、あるいは相手方の前に立ちはだかることは可能か？

A 具体的状況に応じて、可能である。

神戸地判昭40.11.1、東京高判昭38.7.30要旨

　具体的な状況の下で必要かつ相当な行為である限り、不法に庁舎に侵入しようとする者の前に立ちふさがることや、暴行を行おうとする者の前に立ちはだかること、手で肩を押さえて帰宅を促すことは適法である。

判例
B

Q 警職法第5条の制止として、自動車に対して実力を行使することはできるか？

A 具体的状況に応じて、可能である。

東京高判平11.8.26要旨

　暴走する車両を停止させ、更なる器物損壊、人身被害等の危害発生を防止するため、車の窓ガラスを破壊してドアロックを解除し、相手方を車外に引きずり出し、押さえつけるなどの行為は、警職法第5条に規定する犯罪の制止行為として、必要かつ相当と認め得る範囲内のものであった。

判例
C

Q 警職法第5条の制止の要件を充たさないとき、現行犯に対する制止行為はできるか？

A 現実に犯罪が行われている場合には、できる。

福岡高判昭44.3.19、東京高判昭47.10.20要旨

　現実に犯罪が行われている場合は、警職法その他の法律に明文の規定がないが、たとえ警職法第5条の要件を充たさない場合であっても、警察官はその犯罪を制止することができる（編者注：警職法の制止は、条文上「犯罪がまさに行われようとする」「急を要する」ときに行い得るものであって、要は「犯罪がまだ行われていない」段階にのみ行い得るものであることに留意）。

○×問題で復習

Q

〔1〕　警告においては、一定の有形力の行使が許されるが、注意・説得等の範囲を超えた強制にわたるものとなってはならない。

〔2〕　財産に重大な損害を受けるおそれがあり、急を要する場合においては、犯罪をまさに行おうとしている者に対し、警告も制止も可能である。

〔3〕　制止のための実力行使は、事態に応じて必要な限度内であり、かつ、社会通念上相当と認められるものでなければ、違法となる。

〔4〕　警職法第5条の要件を充たす限り、現場に居合わせた者に対して警告を発することは適法である。

〔5〕　正当防衛行為や、刑事未成年者の行為に対しては、警職法第5条に規定する警告も制止もできない。

解答解説

○〔1〕　警告においては、<u>一定の有形力の行使が許される</u>が、注意・説得等の範囲を超
　　　　　強制にわたらない必要はあるが、動作・行動によることが認められている。
　　　えた<u>強制にわたるもの</u>となってはならない。
　　　　警告は任意活動であるから、当然である。

○〔2〕　<u>財産に重大な損害を受けるおそれ</u>があり、<u>急を要する場合</u>においては、<u>犯罪を</u>
　　　　　　制止に関する警職法第5条の要件を充たす。
　　　<u>まさに行おうとしている者</u>に対し、<u>警告も制止も可能</u>である。
　　　警告に関する警職法第5条の要件を充たす。　　　　いずれも可能。

○〔3〕　制止のための実力行使は、<u>事態に応じて必要な限度内</u>であり、かつ、<u>社会通念</u>
　　　　　　　　　　　　　　　実力行使の要件の1である。
　　　<u>上相当</u>と認められるものでなければ、<u>違法</u>となる。
　　　実力行使の要件の2である。

○〔4〕　<u>警職法第5条の要件を充たす限り</u>、<u>現場に居合わせた者</u>に対して<u>警告を発する</u>
　　　　　　　　　　　　　　　　　　　　　　関係者である。
　　　ことは<u>適法</u>である。
　　　警告は関係者に対しても可能。

×〔5〕　<u>正当防衛行為</u>や、<u>刑事未成年者の行為</u>に対しては、警職法第5条に規定する<u>警</u>
　　　　違法性を欠く。　　有責性を欠く。
　　　<u>告も制止もできない</u>。
　　　有責性を欠いても、警告及び制止は可能（違法性は不可欠）。

Chapter 9 立入り ⏱30分

関係条文

………… **警察官職務執行法** …………

（立入）

第6条 警察官は、前2条に規定する危険な事態が発生し、人の生命、身体又は財産に対し危害が切迫した場合において、その危害を予防し、損害の拡大を防ぎ、又は被害者を救助するため、已むを得ないと認めるときは、合理的に必要と判断される限度において他人の土地、建物又は船車の中に立ち入ることができる。

2　興行場、旅館、料理屋、駅その他多数の客の来集する場所の管理者又はこれに準ずる者は、その公開時間中において、警察官が犯罪の予防又は人の生命、身体若しくは財産に対する危害予防のため、その場所に立ち入ることを要求した場合においては、正当の理由なくして、これを拒むことができない。

3　警察官は、前2項の規定による立入に際しては、みだりに関係者の正当な業務を妨害してはならない。

4　警察官は、第1項又は第2項の規定による立入に際して、その場所の管理者又はこれに準ずる者から要求された場合には、その理由を告げ、且つ、その身分を示す証票を呈示しなければならない。

> こんな問題が出る！
>
> 次は、立入りに関する記述であるが、誤りはどれか。

〔1〕　警職法第6条第1項に規定する、いわゆる危険時の立入りは、即時強制であるから、社会通念上相当と認められる範囲内で、錠を破壊する、妨害する者を排除するなどして、必要な実力を行使して強制的に行うことができる。

〔2〕　警職法第6条第1項に規定する、いわゆる危険時の立入りとして、走行中の自動車に立ち入ろうとするときは、当該自動車を強制的に停止させることができる。

〔3〕　警職法第6条第1項に規定する、いわゆる危険時の立入りを行うとき、立ち入る場所の従業員の要求があれば、立入りの理由を告げ、かつ、身分を示す証票を呈示しなければならない。

〔4〕　警職法第6条第1項に規定する、いわゆる危険時の立入りとして、危険な事態が発生している場所に立ち入るため、他の無関係な場所を通過することが必要であるときは、当該無関係な場所に強制的に入り、通過することができる。

〔5〕　警職法第6条第1項に規定する、いわゆる危険時の立入りは、同法第4条又は第5条に規定する危険な事態が発生していなければ、行うことはできない。

〔解答〕〔3〕

> こんな問題が出る！
>
> 次は、立入りに関する記述であるが、誤りはどれか。

〔1〕　警職法第6条第2項に規定する、いわゆる公開の場所への立入りを、警察官が入場料を支払わないことを理由に拒否することはできない。

〔2〕　警職法第6条第2項に規定する、いわゆる公開の場所への立入りを、管理者が正当の理由なく拒絶したときは、相手方を実力で排除して、強制的に立ち入ることができる。

〔3〕　警職法第6条第2項に規定する、いわゆる公開の場所への立入りを実施するに際しては、警職法第4条又は第5条に規定する危険な事態が発生している必要はない。

〔4〕　警職法第6条第2項に規定する「その公開時間中」とは、現実に公開され
　　　ている時間をいうのであって、法令上の営業時間を意味しない。

〔5〕　警職法第6条第2項に規定する「正当の理由」とは、ただ単に、「その場所
　　　又は時間に公開性がないこと」のみを意味する。

〔解答〕〔2〕

STEP 1

　警職法第6条は、「立入」として、警察官による「危険時の
立入り」の権限と、警察官による「公開の場所への立入り」
の権限を規定している。危険時の立入り（第6条第1項）は、
警職法第4条又は第5条に規定する危険な事態が発生したと
きに限られるほか、同法第6条第1項に規定する厳格な要件
を充たす必要がある。他方で公開の場所への立入り（第6条
第2項）は、立入り先の場所が、①多数の客の来集する場所
＝公開の場所であり、②現に当該場所が公開時間中であれば
行うことができ、危険な事態の発生を要件としない（例えば、
法令に定める営業時間以外であっても、現実に公開されてい
る時間であれば「公開時間」となる）。

　危険時の立入りに関しては、必要性がある限り、場所的な
制約を受けない。また危険時の立入りは即時強制であるから、
社会通念上相当と認められる範囲内で、必要な実力を行使し
て強制的に行うことが可能である。

　公開の場所への立入りに関しては、条文どおり「多数の客
の来集する場所」に対して実施されるが、これは即時強制で
はない。立入りの要求を受けた管理者等は、正当の理由なく
して立入りを拒むことができないが（＝応諾義務がある）、し
かし、管理者等が正当の理由なく立入りを拒んだからといっ
て、相手方を実力で排除して強制的に立ち入ることはできな
い。この場合は、警察官は、立入りに応じるよう説得を行う
ことができるにとどまる。

応諾義務
立入りの要求を受け
た管理者等には、法
的な応諾義務が課さ
れている＝要求に応
じるべき義務を負っ
ているのですから、
これを果たさないと
きは、実力の行使は
できませんが、相当
強い態様の説得を行
うことが許されます
（公開の場所・公開の
時間において、客の
出入りを許している
とき、警察官の立入
りのみを拒む合理的
な理由はないからで
す）。

STEP 2

　危険時の立入りは、即時強制であるから、危険な事態が発生している場所に立ち入るため必要があるときは、他の無関係な場所に強制的に入り、そこを通過することが可能である。また、走行中の自動車、船等に立ち入ることが必要であるときは、当該自動車等を強制的に停止させることができる。

　公開の場所への立入りを求められた管理者等は、「正当の理由」なくして立入りを拒むことができないが、この「正当の理由」とはただ単に、「その場所又は時間に公開性がないこと」のみを意味するのであって、管理者等が危険な事態がないと考えることや、警察官が入場料を払わないことは、この「正当の理由」には当たらない（真に営業時間でないときや、特定者のみしか入場できないとき等がこれに該当し得る）。

　危険時の立入りであっても、公開の場所への立入りであっても、「管理者又はこれに準ずる者」の要求があれば、警察官は、①立入りの理由を告げ、②身分を示す証票（警察手帳等）を呈示しなければならないが、その場所の管理を委託されていない従業員、その場所への出入りの可否の権限を与えられていない従業員、現にその場所においてその場所を支配していない従業員にあっては、「管理者又はこれに準ずる者」とはいえず、従業員全てが上記の要求をすることができるわけではない。

管理者又はこれに準ずる者
これに該当しないと思料される単なる従業員が証票の呈示等を求めたとき、警察官が、法律上の義務なくして、事実上その求めに応ずることには問題ありません。

ここに Focus

（7分）

❶ 警職法第6条に規定する立入りには、危険時の立入りと、公開の場所への立入りがある。

❷ 危険時の立入りは、警職法第4条又は第5条に規定する危険な事態が発生したときに限られるなど、同法第6条第1項に規定する厳格な要件を充たす必要がある。

❸ 危険時の立入りに関しては、必要性がある限り、場所的な制約を受けない。

❹ 危険時の立入りは即時強制であり、社会通念上相当と認められる範囲内で、必要な実力を行使して強制的に実施できる。

❺ 危険時の立入りにおいては、危険な事態が発生している場所に立ち入るため必要があるときは、他の無関係な場所に強制的に入り、そこを通過することが可能である。

❻ 危険時の立入りにおいて、走行中の自動車、船等に立ち入ることが必要であるときは、当該自動車等を強制的に停止させることができる。

❼ 公開の場所への立入りは、当該場所の管理者等に、正当の理由があるときを除き、立入りを受け入れるべき応諾義務を課すものである。

❽ 公開の場所への立入りは、当該場所が「公開時間中」であることが要件となるが、これは法令に定める営業時間ではなく、当該場所が現に、実際に公開されている時間であればよい。

❾ 公開の場所への立入りは、危険時の立入りと異なり、即時強制ではない一方、警職法第4条又は第5条に規定する、危険な事態の発生を要件としない。【判例A】

❿ 公開の場所への立入りは、「正当の理由」＝その場所又は時間に公開性がない場合を除き、拒否できないが、管理者等が正当の理由なくして立入りを拒んだとしても、相手方を実力で排除して強制的に立ち入ることはできない（この場合は、説得ができるにとどまる）。【判例B】

判例
A

Q 公開の場所への立入りにおいて、当該場所に、犯罪が発生する具体的な危険性や、生命等に対する危害が発生する具体的な危険性があることは必要か？

A 必要でない。

大阪高判昭52.2.7要旨

　公開の場所への立入りにおいて、当該公開の場所で、犯罪又は生命等に対する危害が発生する具体的な危険性があることは必要でない。

判例
B

Q 公開の場所への立入りを拒むことができる「正当の理由」とは何か？

A 当該場所又は時間に公開性がないこと（のみ）である。

前掲大阪高判昭52.2.7要旨

　具体的な危険性がないこと、入場料等を払わないことは正当な拒否理由にはならず、「正当の理由」は、営業時間外であったり、特定集団の集会であるなど、「その場所又は時間に公開性がないことのみ」をいう。

○×問題で復習

Q 〔1〕　危険時の立入りは即時強制であるが、立入り先の場所の管理者等が立入りを拒否したときは、相当強い態様の説得ができるにとどまる。

〔2〕　危険時の立入りを実施するためには、警職法第4条又は第5条に規定する危険な事態が発生していなければならないが、公開の場所への立入りを実施するときは、そのような事態が発生していなくてもよい。

〔3〕　公開の場所への立入りは即時強制ではなく、立入り先の場所の管理者等が立入りを拒否しても、当該管理者等の妨害を実力をもって排除することはできない。

〔4〕　危険時の立入りとして、航行中の船舶に立ち入る必要があるときは、当該船舶を強制的に停止させても適法である。

〔5〕　公開の場所が、法令の定める営業時間規制に違反して、時間外営業をしているときであっても、「公開時間中」として、公開の場所への立入りが可能である。

解答解説

×〔1〕　危険時の立入りは即時強制であるが、立入り先の場所の管理者等が立入りを拒
　　　　　　　　　　　　強制活動である。
　　否したときは、相当強い態様の説得ができるにとどまる。
　　　　　　　　　　　　　　　　　　必要な実力を行使して強制的に実施し得る。

○〔2〕　危険時の立入りを実施するためには、警職法第4条又は第5条に規定する危険
　　な事態が発生していなければならないが、公開の場所への立入りを実施するとき
　　要件の1つである。
　　は、そのような事態が発生していなくてもよい。
　　　　　　　　要件とはされていない。

○〔3〕　公開の場所への立入りは即時強制ではなく、立入り先の場所の管理者等が立入
　　　　　　　　　　　　　応諾義務はあるが、即時強制ではない。
　　りを拒否しても、当該管理者等の妨害を実力をもって排除することはできない。
　　　　　　　　　　　　強制活動ではないため、説得ができるにとどまる。

○〔4〕　危険時の立入りとして、航行中の船舶に立ち入る必要があるときは、当該船舶
　　　　　　　　　　　　危険時の立入りには場所的制約がない。
　　を強制的に停止させても適法である。
　　　　　立入りの必要がある限り、それを実現する手段として適法。

○〔5〕　公開の場所が、法令の定める営業時間規制に違反して、時間外営業をしている
　　　　　　　　　　　　　　　　　　　　　　　　　　実際に公開はされている。
　　ときであっても、「公開時間中」として、公開の場所への立入りが可能である。
　　　　　　　　現実に公開されていれば、公開時間中である。

Chapter 10 武器の使用

関係条文

········· **警察官職務執行法** ·········

（武器の使用）

第7条 警察官は、犯人の逮捕若しくは逃走の防止、自己若しくは他人に対する防護又は公務執行に対する抵抗の抑止のため必要であると認める相当な理由のある場合においては、その事態に応じ合理的に必要と判断される限度において、武器を使用することができる。但し、刑法（明治40年法律第45号）第36条（正当防衛）若しくは同法第37条（緊急避難）に該当する場合又は左の各号の一に該当する場合を除いては、人に危害を与えてはならない。

一 死刑又は無期若しくは長期三年以上の懲役若しくは禁こにあたる兇悪な罪を現に犯し、若しくは既に犯したと疑うに足りる充分な理由のある者がその者に対する警察官の職務の執行に対して抵抗し、若しくは逃亡しようとするとき又は第三者がその者を逃がそうとして警察官に抵抗するとき、これを防ぎ、又は逮捕するために他に手段がないと警察官において信ずるに足りる相当な理由のある場合。

二 逮捕状により逮捕する際又は勾引状若しくは勾留状を執行する際その本人がその者に対する警察官の職務の執行に対して抵抗し、若しくは逃亡しようとするとき又は第三者がその者を逃がそうとして警察官に抵抗するとき、これを防ぎ、又は逮捕するために他に手段がないと警察官において信ずるに足りる相当な理由のある場合。

こんな問題が出る！

次は、武器の使用に関する記述であるが、誤りはどれか。

〔1〕　警職法第7条に規定する「武器」とは、人の殺傷の用に供する目的で作られ、現実に人を殺傷する能力を有するものを意味する。

〔2〕　単に拳銃を取り出すことは、相手方を畏怖させるためのものでない限り、使用の準備にすぎず、警職法第7条に規定する「使用」には当たらない。

〔3〕　犯人の逮捕又は逃走の防止のため必要であると認める相当な理由のある場合においては、その事態に応じ合理的に必要とされる限度において、武器の人に危害を加えない使用ができるが、このときは、相手方が警察官に抵抗していることが要件となる。

〔4〕　警職法第7条に規定する「犯人の逮捕」とは、刑事訴訟法上の通常逮捕・緊急逮捕・現行犯逮捕のほか、勾留状の執行及び収容状の執行を含む。

〔5〕　警職法第7条に規定する「公務執行に対する抵抗の抑止のため」の「公務執行」とは、適法なものである必要があるほか、強制権限を行使するものに限られる。

〔解答〕　〔3〕

こんな問題が出る！

次は、武器の使用に関する記述であるが、誤りはどれか。

〔1〕　警職法第7条に規定する、武器の使用の要件である「必要であると認める相当な理由のある場合」とは、警察官の判断が恣意的なものでなく、客観的に合理性があると認められるものでなければならないことを意味する。

〔2〕　警職法第7条の規定により、武器の人に危害を加える使用をする場合、現行犯逮捕又は緊急逮捕を行うときは、同条に規定する「兇悪な罪」の要件を充たさなければならないが、正当防衛・緊急避難に該当するとき、及び通常逮捕を行うときは、そのような罪種の要件はない。

〔3〕　警職法第7条に規定する「兇悪な罪」を現に犯した者が逃亡しようとする場合においては、その逮捕のため他に手段がないと信ずるに足りる相当な理由があれば、警察官は、武器の人に危害を加える使用をすることが可能となる。

〔4〕　通常逮捕の場合において、第三者が被疑者を逃がそうとして警察官に抵抗するときは、当該第三者に対し、武器の人に危害を加えない使用ができるが、当該第三者に対し、人に危害を加える使用はできない。

〔5〕　警職法第7条に規定する「兇悪な罪」とは、死刑・無期・長期3年以上の懲役又は禁錮に当たる罪すなわち緊急逮捕し得る罪であって、かつ、凶悪なものを意味する。

〔解答〕　〔4〕

STEP 1　　　4分

　難解な規定であるため、解釈・運用よりは、条文そのものについて問われることが多い。ゆえにまず、条文の構成を理解し、熟読しておく必要がある。

　警職法第7条（武器の使用）は、大きく、「人に危害を加えない使用」の規定と、「人に危害を加える使用」の規定に分かれる。前者が同条柱書の本文、後者が同条ただし書で規定されている。

　人に危害を加えない使用は、①犯人の逮捕・逃走の防止、②自己・他人に対する防護、③公務執行に対する抵抗の抑止の、3つのいずれかの場合に可能となる。ただし、「必要であると認められる相当な理由」要件＋「事態に応じ合理的に必要と判断される限度」要件の、2つの要件を充たす必要もある。

　この上で、さらに、人に危害を加える使用は、上記の全てを充たすことに加え、次の3つの場合においてしか行うことができない。すなわち、ⅰ）正当防衛に該当する場合、ⅱ）緊急避難に該当する場合、ⅲ）一定の場合の犯人逮捕等の場合の3ケースが、人に危害を加える使用が可能なケースとなる。

　人に危害を加えない使用と、人に危害を加える使用に大別し、条文の構成を整理しつつ、条文の内容を理解する。

STEP **2**

　論点が多岐にわたる規定であるため、頻出内容を、個別に修得しておく学習方法が効率的で、かつ、無理がない。条文の内容を総論として覚えたら、各論として次の内容を覚える。

① 　警職法第７条に規定する「武器」の意義。

② 　「使用」とは具体的にはどのような行為であり、またどのような行為でないのか。

③ 　「犯人の逮捕」の意義。

④ 　「公務執行」の意義。

⑤ 　「必要であると認める相当な理由のある場合」の意義。

⑥ 　「兇悪な罪」の意義。

⑦ 　武器の使用において、罪種による使用制限・罪種による要件があるものとないものの整理。

⑧ 　武器の使用において、相手方・第三者の抵抗が要件とされるものとそうでないものの整理。

以上が頻出内容であるが、それら以外の重要事項としては、次の内容がある。

A 　第三者に危害を加える武器の使用は許されるか。

B 　武器の使用以外に「他の手段がない」ことは要件か。

C 　武器の種類・使用方法の限度。

以上の内容は、 **ここにFocus** で具体的に再整理する。

ここにFocus 10分

❶　警職法第7条に規定する「武器」とは、人の殺傷の用に供する目的で作られ、現実に人を殺傷する能力を有するものを意味し、拳銃、ライフル銃がその典型であるが、警棒、警杖等は、本来人を殺傷することを目的としたものではないから、武器には含まれない。

　　なお、催涙ガスも武器には当たらない。

❷　人に危害を加えない使用には、拳銃を人に向かって構えて威嚇すること、空等に向かって威嚇射撃を行うこと、動物等の物に向けて撃つこと等があるが、単に拳銃を取り出すことは、相手方を畏怖させるためのものでない限り、使用の準備であって、使用には当たらない。

❸　人に危害を加える使用として、人に向けて拳銃を撃つことができるが、その場合でも、必要最小限度の範囲でのみ危害を加えることができるにとどまる。

❹　警職法第7条に規定する「公務執行」とは、適法な職務の執行であることに加え、強制権限を行使するものに限られる（抵抗を物理的に排除できるものなのだから、任意活動ではあり得ない）。

❺　警職法第7条に規定する「必要であると認める相当な理由のある場合」とは、警察官の判断が恣意的なものでなく、客観的に合理性があると認められるものでなければならないことを意味する。

❻　警職法第7条に規定する「兇悪な罪」とは、死刑・無期・長期3年以上の懲役又は禁錮に当たる罪すなわち緊急逮捕し得る罪であって、かつ、凶悪なものを意味する（単に緊急逮捕し得る罪であるだけでは足りない）。

❼　人に危害を加える使用の場合、現行犯逮捕又は緊急逮捕を行うとき、あるいはその制止を行うときは、武器の使用の要件として、「兇悪な罪」の罪種制限があるが、正当防衛・緊急避難に該当するとき、あるいは通常逮捕を行うときは、武器の使用の要件として、そのような罪種制限は全くない。

❽　人に危害を加えない使用の場合の「犯人の逮捕・逃走の防止」「自己・他人に対する防護」のとき、及び、人に危害を加える使用の場合の「逃亡しようとするとき……これを防ぎ、又は逮捕する」ときは、相手方の抵抗は要件とされない。

❾　人に危害を加える使用の場合、警職法第7条に規定する「第三者」（被疑者を逃がそうとして警察官に抵抗する第三者）に対しても、危害を加えることが許される。

⑩　人に危害を加えない使用の場合、他の手段により目的を達成できるときは、可能な限り他の手段によらなければならないが、「他に手段がない」ことまでは求められない（これを、「補充性の要件までは求められない」と表現する）。

⑪　⑩の「補充性の要件」は、人に危害を加える使用の場合における、現行犯逮捕・緊急逮捕・通常逮捕等のとき（警職法第7条各号に規定するケース）に必ず、厳格に求められる（条文上、「他に手段がない」等と明記されている）。

⑫　警職法第7条の規定により、武器の使用が認められる場合であっても、使用する武器の種類や使用方法は、その事態に応じ合理的に必要と判断される限度でなければならない。

○×問題で復習

Q 〔1〕 通常逮捕において、武器の「人に危害を加える使用」をしようとするときは、いわゆる補充性の要件を充たす必要はあるが、罪種による制限を受けることはない。

〔2〕 警棒、警杖は、警職法第7条に規定する「武器」には当たらない。

〔3〕 人に危害を加える使用が認められる場合であっても、第三者に危害を加えることは警職法上、認められない。

〔4〕 拳銃をあらかじめ取り出しておくことは、必ずしも武器の「使用」には当たらない。

〔5〕 武器の使用の要件を充たすとしても、どのような武器を使用するか、どのように武器を使用するかについての判断は、法律上の制約を受ける。

解答解説

○〔1〕　通常逮捕において、武器の「人に危害を加える使用」をしようとするときは、
第7条第2号の場合。
いわゆる補充性の要件を充たす必要はあるが、罪種による制限を受けることは
「他に手段がない」ことが必要。　　　　　罪種による制限を受けるのは、現
ない。
行犯逮捕・緊急逮捕の場合である。

○〔2〕　警棒、警杖は、警職法第7条に規定する「武器」には当たらない。
殺傷目的で作られてはいない。

×〔3〕　人に危害を加える使用が認められる場合であっても、第三者に危害を加えるこ
第7条各号は、第三者による警察官への抵抗を明文で想定している。
とは警職法上、認められない。

○〔4〕　拳銃をあらかじめ取り出しておくことは、必ずしも武器の「使用」には当たら
使用の準備にすぎない。　　　　　　　　「構える」同様、相手方を畏怖させると
ない。
きは「使用」に該当し得る。

○〔5〕　武器の使用の要件を充たすとしても、どのような武器を使用するか、どのよう
実際に選択する種類。　　　　　実際に選
に武器を使用するかについての判断は、法律上の制約を受ける。
択する方法。　　　　　第7条柱書「その事態に応じ合理的に必要と判断される限度」。

Part ② 警察法

Chapter 11　総則等（基本的考え方） 25分

次は、警察法に関する記述であるが、誤りはどれか。 3分

〔1〕　警察法第2条は、警察の責務を規定しているが、「責務」とは、警察組織が責任を負うべき任務を意味する。

〔2〕　現行の警察制度は、重大サイバー事案対処及び皇宮警察を除き、警察における執行的な事務を全て都道府県警察が行うものとしている。

〔3〕　国の都道府県警察に対する関与は、日常的な事態に関しては、人事・予算・基準の設定を通じた間接的なコントロールによる。

〔4〕　都道府県が行う警察事務には、国家的な性格を有するものがあるため、一部の経費については、国が直接支払う制度が設けられている。

〔5〕　警察は、警察法第2条を根拠として、任意活動を行うことができる。

〔解答〕〔5〕

STEP 1　4分

　警察の組織について規定している法律は、警察法である。警察法の基本的考え方は、概ね次のとおりである。

　①警察法第2条に規定する「警察の責務」を明らかにし、警察が責任を負うべき任務を、大別して「個人の生命・身体・財産の保護」「公共の安全と秩序の維持」とした。

　②警察の民主的な運営と、警察の政治的中立性を確保するため、市民の代表者である委員によって構成される合議制の「公安委員会」を設け、これが警察を管理することとした。国には国家公安委員会が、都道府県には都道府県公安委員会が置かれた。

　③警察の事務が、国家的性格と地方的性格の両方を有していることを踏まえ、警察における執行的な事務は全て都道府

責　務
他の行政機関においては、「任務」という用語が用いられますが、警察法においては、警察組織が責任を負うべきものという趣旨から、「責務」という用語が用いられています。

警察法第2条
各種の任意活動の根拠をこれに求める例がありますが、任意活動には法律の根拠は必要ないため（根

県警察が行うこととし（重大サイバー事案対処及び皇宮警察はその例外である）、他方で国家的な要請にも応じられるようにするため、日常的な事態に関しては、国が人事・予算・基準の設定を通じた間接的なコントロールをすることとした。

④人事の観点からは、警視正以上の階級にある警察官を国家公務員と位置付け、予算の観点からは、国家的な警察活動等に要する経費について、国が直接支払う制度を設けた。基準の観点からは、国が一定の警察事務について調整を行うことができることとし、あるいは、一定の警察事務について全体を統轄（とうかつ）し、一体となった活動が確保されるようにした（例えば、警察職員の任用・活動の基準に関する調整や、警察教養・警察通信・犯罪鑑識・犯罪統計・警察装備等に関する統轄が行われる）。

STEP **2** ④分

　警察を含む行政機関が、国民の権利や自由を制限し、あるいは義務を課すには、法律の具体的根拠規定がなければならない（条例も、法律の範囲内であれば、この根拠規定として適法である）。また、特に警察は、国民の権利・自由に関係することが多いため、警察法第2条は明文で「警察の活動は、厳格に……責務の範囲に限られるべきもの」と規定している。

　この警察の責務の範囲内である限り、地理指導、情報提供、相談、安全教育といった各種の任意活動は、法律の具体的根拠規定なく、当然に行うことができる。

　警察の責務の「個人の生命・身体・財産の保護」「公共の安全と秩序の維持」とはそれぞれ独立した責務であり、両者に優劣はない。また、警察法第2条に規定する「犯罪の予防、鎮圧及び捜査、被疑者の逮捕、交通の取締」は、「公共の安全と秩序の維持」の例示である。

　なお、「公共の安全と秩序の維持」とは、国家及び社会の公の安全と秩序の維持を意味する。

　警察は、責務を果たすべく活動する義務を負い、法律によっ

拠があってももちろんよい）、「警察法第2条を根拠として一斉検問を実施する」といったような考え方は誤りです。

警察における執行的な事務
端的（たんてき）には、現場における職務執行の全てです。裏からいえば、国の警察は、刑事訴訟法等の規定に基づく捜査のための事務も、警察法等の規定に基づく諸警察活動のための事務も、あるいは個別具体的な任意活動のための事務も、「基本」行うことができません（2つの例外に注意）。

警視正以上の階級にある警察官
「地方警務官」といいます。

国が直接支払う制度
国が「支弁（しべん）」するといいます。いわゆる国費です。

国民の権利や自由を制限し
権利・自由の制限や、新たに義務を課すことは、要は「強制活動」です。
警職法の章で学んだ1号該当者の保護、措置命令、危険時の立入り、武器の使用等は、まさに「権利・自由を制限し」「新た

て与えられた権限を行使するだけでなく、具体的な法律の規定がなくとも、状況に応じ、可能な任意活動を行う必要がある。具体的状況によっては、警察官による権限の不行使が違法とされることがある。

　なお、警察法第2条が「個人」という用語を用いているのは、外国人、無国籍者、財産権の主体としての法人を含む趣旨からである。

に義務を課す」ものですから（例えば保護では自由が制限され、措置命令では新たに義務が課されます）、強制活動として、具体的な法律の根拠が必要となるのです。

ここに **Focus**

❶　国・地方の警察の組織について規定している法律は、警察法である。

❷　警察法第2条は、警察の任務を「責務」＝責任を負うべきものと定め、具体的には「個人の生命・身体・財産の保護」＋「公共の安全と秩序の維持」がその責務であると規定している（責務という用語は、警察法独特のものである）。

❸　警察法第2条は明文で「警察の活動は、厳格に……責務の範囲に限られるべきもの」と規定している。

❹　警察の責務の範囲内である限り、地理指導、情報提供、相談、安全教育といった各種の任意活動は、法律の具体的根拠規定なく、当然に行うことができる。ただし、国民に事実上の不利益を与える任意活動については、人権の保障と公益の実現の観点から、任意活動に具体的根拠規定が定められることがある。

❺　警察が国民の権利や自由を制限し、あるいは義務を課すには、法律の具体的根拠規定がなければならない（条例も、法律の範囲内であれば、この根拠規定として適法である）。

❻　警察は、責務を果たすべく活動する義務を負い、法律によって与えられた権限を行使するだけでなく、具体的な法律の規定がなくとも、状況に応じ、可能な任意活動を行う必要がある。具体的状況によっては、警察官による権限の不行使が違法とされることがある。

❼　警察の民主的な運営と、警察の政治的中立性を確保するため、市民の代表者である委員によって構成される「公安委員会」が設けられ、これが警察を管理する。国には国家公安委員会が、都道府県には都道府県公安委員会が置かれる。

❽　警察における執行的な事務は、全て都道府県警察が行うこととされている一方（重大サイバー事案対処及び皇宮警察はその例外）、日常的な事態に関しては、国が人事・予算・基準の設定を通じ間接的なコントロールをすることとされている。

❾　都道府県警察に対する国の間接的なコントロールとして、警視正以上の階級にある警察官が国家公務員とされているほか、国家的な警察活動等に要する経費は国が支弁することとされている。

❿　都道府県警察に対する国の間接的なコントロールとして、国が警察職員の任用・活動の基準に関する「調整」をしたり、国が警察教養・警察通信・犯罪鑑識・犯罪統計・警察装備等に関する「統轄」をしたりすることとされている。

○×問題で復習

Q 〔1〕 職務質問は任意活動であるから、法律の具体的根拠規定を必要とせず、したがって、裁判所の判例がその具体的根拠となっている。

〔2〕 警察の責務については、都道府県警察が、その都道府県警察の区域について任ずる。

〔3〕 警察法第2条に規定する「責務」とは、責任を負うべき任務を意味し、同条に規定する「個人」には、財産権の主体としての法人が含まれる。

〔4〕 警察学校における教育訓練に要する経費、国の公安に係る犯罪の捜査に要する経費、警察用車両に要する経費等、国が責任分担をすべき経費は、国が直接支払い、都道府県の歳入・歳出には含まれない。

〔5〕 国の公安委員会も、都道府県の公安委員会も、警察を管理する役割を担っている点で共通している。

解答解説

×〔1〕　職務質問は任意活動であるから、<u>法律の具体的根拠規定を必要とせず</u>、した
国民に事実上の不利益を与えるため、特に根拠が定められている。
がって、<u>裁判所の判例がその具体的根拠となっている</u>。
警職法第2条が具体的根拠である。

○〔2〕　警察の責務については、都道府県警察が、その都道府県警察の区域について<u>任</u>
警察における執行的な事務は、都道府県警察が行う。
<u>ずる</u>。
警察法第36条第2項

○〔3〕　警察法第2条に規定する「責務」とは、<u>責任を負うべき任務</u>を意味し、同条に
責任を負い、責務を果たすべく活動する義務を負う。
規定する「個人」には、<u>財産権の主体としての法人が含まれる</u>。
例えば法人も犯罪被害者となり得る。

○〔4〕　<u>警察学校における教育訓練に要する経費</u>、国の公安に係る犯罪の捜査に要する
以下、例示部分は警察法第37条を参照。
経費、警察用車両に要する経費等、<u>国が責任分担をすべき経費</u>は、国が直接支払
＝国家的な警察活動等に要する経費
い、<u>都道府県の歳入・歳出には含まれない</u>。
国自身が支弁するものである。

○〔5〕　<u>国の公安委員会</u>も、<u>都道府県の公安委員会</u>も、警察を管理する役割を担ってい
国家公安委員会は警察庁を、都道府県公安委員会は都道府県警察を「管理」する。
る点で共通している。

都道府県公安委員会

30分

関係条文

········· 警察法 ·········

（組織及び権限）

第38条　都道府県知事の所轄の下に、都道府県公安委員会を置く。

2　都道府県公安委員会は、都、道、府及び地方自治法（昭和22年法律第67号）第252条の19第1項の規定により指定する市（以下「指定市」という。）を包括する県（以下「指定県」という。）にあつては5人の委員、指定県以外の県にあつては3人の委員をもつて組織する。

3　都道府県公安委員会は、都道府県警察を管理する。

4　第5条第5項の規定は、都道府県公安委員会の事務について準用する。

5　都道府県公安委員会は、その権限に属する事務に関し、法令又は条例の特別の委任に基いて、都道府県公安委員会規則を制定することができる。

6　都道府県公安委員会は、国家公安委員会及び他の都道府県公安委員会と常に緊密な連絡を保たなければならない。

（委員の任命）

第39条　委員は、当該都道府県の議会の議員の被選挙権を有する者で、任命前5年間に警察又は検察の職務を行う職業的公務員の前歴のないもののうちから、都道府県知事が都道府県の議会の同意を得て、任命する。但し、道、府及び指定県にあつては、その委員のうち2人は、当該道、府又は県が包括する指定市の議会の議員の被選挙権を有する者で、任命前5年間に警察又は検察の職務を行う職業的公務員の前歴のないもののうちから、当該指定市の市長がその市の議会の同意を得て推せんしたものについて、当該道、府又は県の知事が任命する。

2　次の各号のいずれかに該当する者は、委員となることができない。

一　破産者で復権を得ない者

二　禁錮以上の刑に処せられた者

3　委員の任命については、そのうち2人以上（都、道、府及び指定県にあつては3人以上）が同一の政党に所属することとなつてはならない。

（委員の任期）

第40条　委員の任期は、3年とする。但し、補欠の委員は、前任者の残任期間在任する。

2　委員は、2回に限り再任されることができる。

（委員の失職及び罷免）

Chapter12　都道府県公安委員会

第41条　委員は、次の各号のいずれかに該当する場合においては、その職を失うものとする。
　一　第39条第2項各号のいずれかに該当するに至つた場合
　二　当該都道府県の議会の議員の被選挙権を有する者でなくなつた場合（第39条第1項ただし書に規定する委員については、当該指定市の議会の議員の被選挙権を有する者でなくなつた場合）
2　都道府県知事は、委員が心身の故障のため職務の執行ができないと認める場合又は委員に職務上の義務違反その他委員たるに適しない非行があると認める場合においては、当該都道府県の議会の同意を得て、これを罷免することができる。但し、第39条第1項但書に規定する委員の罷免については、道、府又は指定県の知事は、当該指定市の市長に対しその市の議会の同意を得ることを求めるものとし、その同意があつたときは、これを罷免することができる。
3　指定県以外の県の知事は、委員のうち2人以上が同一の政党に所属するに至つた場合においては、これらの者のうち1人をこえる員数の委員を当該県の議会の同意を得て、罷免する。
4　都、道、府及び指定県の知事は、委員のうち3人以上が同一の政党に所属するに至つた場合においては、第9条第3項各号の規定の例により、そのこえるに至つた員数の委員を、当該都、道、府又は指定県の議会の同意を得て、罷免する。但し、新たに同一の政党に所属するに至つた委員のうちに第39条第1項但書に規定するものを含むときは、これらの委員のうち罷免すべきものは、くじで定める。
5　都道府県知事は、委員のうち1人（都、道、府及び指定県にあつては2人）がすでに所属している政党に新たに所属するに至つた委員を直ちに罷免する。
6　前4項の場合を除く外、委員は、その意に反して罷免されることがない。
　（委員の服務等）
第42条　地方公務員法第30条から第34条まで及び第38条第1項本文の規定は、委員の服務について準用する。ただし、都道府県知事は、委員が同項に規定する地位を兼ね、又は同項に規定する行為をすることが委員の職務の遂行上支障があると認める場合のほかは、同項に規定する許可を与えるものとする。
2　委員は、地方公共団体の議会の議員若しくは常勤の職員又は地方公務員法第28条の5第1項に規定する短時間勤務の職を占める職員と兼ねることができない。
3　委員は、政党その他の政治的団体の役員となり、又は積極的に政治運動をしてはならない。
　（委員長）
第43条　都道府県公安委員会に委員長を置き、委員が互選する。
2　委員長の任期は、1年とする。但し、再任することができる。
3　委員長は、会務を総理し、都道府県公安委員会を代表する。
　（都道府県公安委員会の庶務）
第44条　都道府県公安委員会の庶務は、警視庁又は道府県警察本部において処理する。

89

こんな問題が出る！

次は、都道府県公安委員会に関する記述であるが、誤りはどれか。

〔1〕　都道府県公安委員会の委員は、当該都道府県の議会の議員の被選挙権を有する者で、任命前5年間に警察又は検察の職務を行う職業的公務員の前歴のないもののうちから、都道府県知事が都道府県の議会の同意を得て、任命する。

〔2〕　都道府県公安委員会は、都道府県警察を管理する機関であるから、管理される都道府県警察が、都道府県公安委員会の庶務を処理することは禁じられている。

〔3〕　都道府県公安委員会の委員の任期は3年であるが、2回に限り再任されることを妨げないから、委員の任期は最長で9年までとなる。

〔4〕　都道府県公安委員会の委員のうち、補欠の委員は、前任者の残任期間だけ在任することとされている。

〔5〕　都道府県公安委員会の委員長は、都道府県公安委員会の委員が互選するから、都道府県公安委員会の委員以外の者が、都道府県公安委員会の委員長になることはあり得ない。

〔解答〕〔2〕

こんな問題が出る！

次は、都道府県公安委員会に関する記述であるが、誤りはどれか。

〔1〕　都道府県公安委員会の委員は、政党に所属することはできるが、政党その他の政治的団体の役員となったり、積極的に政治運動をすることは禁じられている。

〔2〕　都道府県公安委員会は、都道府県知事の所轄の下に置かれるが、都道府県知事は、警察の運営において都道府県公安委員会を指揮監督する権限を有せず、都道府県公安委員会は、都道府県の機関としては強い独立的立場を有する。

〔3〕　都道府県公安委員会は、都道府県警察を管理できることから、都道府県警察の個々の事務執行を管理することができるほか、都道府県警察に所属する個々の警察職員を監督することも可能である。

〔4〕　都道府県公安委員会の委員を任命する際、都、道、府及び指定県にあってはそのうち3人以上が、それ以外の県にあっては2人以上が、同一の政党に所属することとなってはならない。

〔5〕　都道府県知事は、都道府県公安委員会を所轄することの結果として、都道府県警察に関する条例案の都道府県議会への提出権、予算の調製・提出・支出命令権、都道府県公安委員会の委員の任免権を有する。

〔解答〕〔3〕

PART 2　警察法

STEP 1 5分

条文そのものが問われることが多いため、警察法を読んで理解しておく必要がある。以下、「都道府県公安委員会」についての頻出事項を簡記する。

都道府県公安委員会という機関は、都・道・府・指定県においては5人、それ以外の県においては3人の委員からなる合議機関・行政委員会である。

都道府県公安委員会は、都道府県知事の「所轄」の下に置かれる。所轄とは、最も弱い所属の関係を意味する。よって都道府県知事は、警察に関する「条例案の都道府県議会への提出権」「予算の調製・提出・支出命令権」「都道府県公安委員会の委員の任免権」を有するものの、警察の運営において、都道府県公安委員会を指揮監督する権限を有しない。都道府県公安委員会は、都道府県の機関としては、強い独立的立場を有する機関である。

他方、都道府県公安委員会と都道府県警察の所属の関係、相互のつながり方は、「管理」である。管理とは、大綱方針を定めてこれによる事前事後の監督を行うことをいう。よって都道府県公安委員会は、都道府県警察の個々の事務執行を管理することはできないし、また、直接に都道府県警察の個々の警察職員を監督することもできない。

なお、都道府県公安委員会の庶務は、都道府県警察（警視庁又は道府県警察本部）において処理することが明文で規定

所轄と管理

知事については所轄、公安委員会については管理という概念を理解しておく必要があります。それぞれ別個の概念ですが、直接の指揮監督ができないという点では共通しています。

大綱方針

概して、事務を処理するに当たり準拠すべき基本的な方向・方法を示したものです。

事前事後の監督

公安委員会による事前事後の監督は、都道府県警察の長のみを通じて行われ、それ以外の個々の警察職員を監督することはできません。

されている。要するに、都道府県公安委員会の事務部局は、各都道府県警察本部である。

STEP 2 ⏱5分

以下、都道府県公安委員会の「委員」についての頻出事項を簡記する。

委員の数については前述のとおり5人又は3人である。

委員は、①都道府県議会の議員の被選挙権を有し、②任命前5年間に警察・検察の職業的公務員でなかった者のうちから、③都道府県議会の同意を得て、④都道府県知事が任命する。要件・同意・任命権者を整理しておく。

都道府県公安委員会の委員の任期は、3年である。補欠の委員は、前任者の残任期間だけ在任する。

なお、委員は、2回に限り再任されることができる。よって委員の任期は最長で9年までである。

都道府県公安委員会の政治的中立性を確保するため、都道府県公安委員会の委員は、ある政党に属することは可能だが、①政党その他の政治的団体の役員となること、②積極的に政治運動をすることは禁止される。またそもそも、③委員の任命については、都、道、府、指定県においては3人以上が、それ以外の県においては2人以上が、同一の政党に属することとなってはならない。よって、委員の過半数が同じ政党に属することはないこととなる。

都道府県公安委員会の委員長は、委員が互選する。ゆえに、委員長は当然に委員である。委員長の任期は1年であるが、警察法上、何回でも再任されることができる。委員長は、都道府県公安委員会の庶務を主宰し、都道府県公安委員会の議決に従って対外的に都道府県公安委員会を代表する。

委員長の職務
警察法上は、「会務を総理（そうり）し、都道府県公安委員会を代表する」と規定されていますが、その意義は左に記載したとおりです。

ここに Focus

❶　都道府県公安委員会は、都道府県の規模に応じ、5人又は3人の委員からなる合議機関・行政委員会である。

❷　都道府県公安委員会は、都道府県知事の「所轄」の下に置かれる。

❸　都道府県知事は、警察に関する条例・予算についての一定の権限を有するが、都道府県公安委員会を指揮監督することはできない。

❹　都道府県公安委員会は、都道府県警察を「管理」する。

❺　都道府県公安委員会は、都道府県警察の事務について大綱方針を定め、これによる事前事後の監督を行うことができるが、個々の事務執行を管理することも、直接個々の警察職員を監督することもできない。

❻　都道府県公安委員会の庶務は、警視庁又は道府県警察本部において処理する。

❼　都道府県公安委員会の委員は、ⅰ）都道府県議会の議員の被選挙権を有し、ⅱ）任命前5年間に警察・検察の職業的公務員でなかった者のうちから、ⅲ）都道府県議会の同意を得て、ⅳ）都道府県知事が任命する。

❽　都道府県公安委員会の委員の任期は3年で、2回に限り再任されることができる（最長9年までとなる）。補欠の委員は、前任者の残任期間だけ在任する。

❾　都道府県公安委員会の委員は、ある政党に属することは可能だが、ⅰ）政党その他の政治的団体の役員となること、ⅱ）積極的に政治運動をすることは禁止される。

❿　委員の任命については、委員の過半数が同一の政党に属することとなってはならない。

⓫　都道府県公安委員会の委員長は、委員が互選し、その任期は1年である。委員長は「会務を総理」し、都道府県公安委員会を代表する。

PART 2
警察法

○×問題で復習

Q　〔1〕　都道府県公安委員会の委員の任命権者は、都道府県知事であるが、都道府県知事は、警察の運営において都道府県公安委員会を指揮監督することはできない。

　〔2〕　都道府県公安委員会には事務局がない。

　〔3〕　都道府県公安委員会の委員の過半数が同一の政党に所属することとなったときは、委員の罷免がなされる。

　〔4〕　都道府県公安委員会は、都道府県警察による個々の事務執行を管理することはできるが、直接に個々の警察職員を監督することはできない。

　〔5〕　都道府県公安委員会の委員が、政治団体の構成員となることには警察法上問題がない。

解答解説

○〔1〕　都道府県公安委員会の委員の<u>任命権者は、都道府県知事である</u>が、都道府県知
　　　　　　　　　　　　都道府県議会の同意を得て、知事が任命。
　　事は、警察の運営において都道府県公安委員会を指揮監督することはできない。
　　　　　　　　　　　　都道府県知事は、公安委員会を「所轄」するのみである。

○〔2〕　都道府県公安委員会には<u>事務局がない。</u>
　　　　　　　　　　　　委員会の事務局はない。庶務は都道府県警察本部が処理。

○〔3〕　都道府県公安委員会の<u>委員の過半数が同一の政党に所属</u>することとなったとき
　　　　　　　　　　　　警察法上、禁止事項である。
　　は、<u>委員の罷免</u>がなされる。
　　　ひめん
　　　　警察法上、「なつてはならない」から。なお、同法第41条参照。

×〔4〕　都道府県公安委員会は、都道府県警察による<u>個々の事務執行を管理すること</u>は
　　　　　　　　　　　　　　　　　　　　できない。大綱方針を定め、これに
　　<u>できる</u>が、直接に個々の警察職員を監督することはできない。
　　よる事前事後の監督ができるのみ。

○〔5〕　都道府県公安委員会の<u>委員が、政治団体の構成員となること</u>には<u>警察法上問題</u>
　　　　　　　　　　　　役員になることは禁止事項であるが、構成員になることは禁止されていない。
　　<u>がない。</u>

Chapter 13 経費・監察の指示等 25分

関係条文

-------- **警察法** --------

（経費）

第37条　都道府県警察に要する次に掲げる経費で政令で定めるものは、国庫が支弁する。

一　警視正以上の階級にある警察官の俸給その他の給与、地方公務員共済組合負担金及び公務災害補償に要する経費

二　警察教養施設の維持管理及び警察学校における教育訓練に要する経費

三　警察通信施設の維持管理その他警察通信に要する経費

四　犯罪鑑識施設の維持管理その他犯罪鑑識に要する経費

五　犯罪統計に要する経費

六　警察用車両及び船舶並びに警備装備品の整備に要する経費

七　警衛及び警備に要する経費

八　国の公安に係る犯罪その他特殊の犯罪の捜査に要する経費

九　武力攻撃事態等における対処措置及び緊急対処事態における緊急対処措置並びに国の機関と共同して行うこれらの措置についての訓練に要する経費

十　国際連合安全保障理事会決議第1267号等を踏まえ我が国が実施する国際テロリストの財産の凍結等に関する特別措置法（平成26年法律第124号）第3章の規定による措置に要する経費

十一　犯罪被害者等給付金に関する事務の処理に要する経費

十二　第21条第23号に規定する給付金に関する事務の処理に要する経費

十三　第21条第24号に規定する国外犯罪被害弔慰金等に関する事務の処理に要する経費

2　前項の規定により国庫が支弁することとなる経費を除き、都道府県警察に要する経費は、当該都道府県が支弁する。

3　都道府県の支弁に係る都道府県警察に要する経費については、予算の範囲内において、政令で定めるところにより、国がその一部を補助する。

（監察の指示等）

第43条の2　都道府県公安委員会は、都道府県警察の事務又は都道府県警察の職員の非違に関する監察について必要があると認めるときは、都道府県警察に対する第38条第3項の規定に基づく指示を具体的又は個別的な事項にわたるものとすることができる。

2　都道府県公安委員会は、前項の規定による指示をした場合において、必要があると

認めるときは、その指名する委員に、当該指示に係る事項の履行の状況を点検させることができる。

3　都道府県公安委員会は、都道府県警察の職員（第60条第1項の規定による援助の要求により派遣された警察庁の職員を含む。）に、前項の規定により指名された委員の同項に規定する事務を補助させることができる。

こんな問題が出る！

次は、都道府県警察に要する経費に関する記述であるが、誤りはどれか。

〔1〕　都道府県警察に要する経費は、原則として、当該都道府県警察が支弁する。

〔2〕　騒乱、大規模な災害その他の場合における警備のための出動に要する経費は、国が支弁する。

〔3〕　警視以下の階級にある警察官の人件費は、国が支弁する。

〔4〕　都道府県警察に要する経費のうち特定の経費については、国がその一部を補助することとされている。

〔5〕　交通警察に要する経費、防犯活動に要する経費は、都道府県警察が支弁する。

〔解答〕〔3〕

こんな問題が出る！

次は、監察の指示等に関する記述であるが、誤りはどれか。

〔1〕　都道府県公安委員会は、警察法第43条の2の規定による監察の指示をするときは、都道府県警察に対し、具体的又は個別的な事項にわたる指示をすることが可能である。

〔2〕　警察法第43条の2の規定による監察の指示は、警察運営に関する専門的・技術的知識が必要とされる事務については、行うことができない。

〔3〕　警察法第43条の2の規定による監察の指示が発動されるのは、都道府県公安委員会が、「都道府県警察の事務又は都道府県警察の職員の非違に関する監察について必要があると認めるとき」である。

〔4〕　都道府県公安委員会は、警察法第2条に規定する警察の責務を達成するために行われるあらゆる事務に関する監察について、監察の指示を発動することが可能である。

〔5〕　都道府県公安委員会により指名された委員は、警察法第43条の2の規定による監察の指示が行われたとき、当該指示に係る事項が適正に履行（りこう）されているかどうか、点検することができる。

〔解答〕　〔2〕

STEP 1

　頻出事項ではないが、しばしば出題されるものとして、警察法第37条に規定する「経費」について簡記する。

　都道府県警察に要する経費については、原則として、各都道府県警察自身が支弁する（＝金銭を支払う、負担する）。

　しかしながら、特定の国家的性格を有する警察活動に係る経費は、国庫が支弁する（＝国が負担し、都道府県の予算に計上されないほか、これにより取得された財産・物品の所有権は、国に属することとなる）。

　また、都道府県警察に要する経費のうち特定の経費は、国がその一部を補助することとされている。

　すなわち、都道府県警察に要する経費は、①国が支弁する

ものと、②都道府県が支弁するものの二本立てとなる。また、②についてさらに、ⅰ）国の補助の対象となるものと、ⅱ）国の補助の対象にならないものがあることとなる。これらの仕組みを理解しておく。

①の、国が支弁する経費として、警察法第37条第1項が、現在のところ、13の経費を明文で規定している。丸暗記をする必要はないが、読了の上、「国家的性格を有する警察活動」とはどのような種類のものを指すのか、イメージできるようにしておく。

STEP 2 (5分)

都道府県公安委員会に関する内容は頻出事項であるため、そのうちやや特殊な性格を有する「監察の指示等」につき、特出して簡記する（選択肢となることも多い）。

そもそも都道府県公安委員会は、都道府県警察を「管理」する機関であり、都道府県警察に対し、具体的又は個別的な指揮監督をすることはできない。大綱方針を定め、これによる事前事後の監督を行うのが「管理」の大原則である。

しかしながら、警察職員による不祥事が連続したことを受け、都道府県公安委員会の監察点検機能を強化するため、いわゆる「監察の指示」については、具体的又は個別的な事項にわたる指示を行うことができることとされた。

例えば、捜査活動・警備実施といった、専門的・技術的知識が必要とされる警察事務については、「管理」としては、具体的又は個別的な指示を行い得ない（指揮監督ができない）。他方、「監察」は、都道府県警察の事務の全てについて行われるものなのだから、専門的・技術的知識が必要とされる警察事務についても、個別的又は具体的な指示ができなければ意味がない。

よって、特に「監察」については、「管理」の大原則にかかわらず、都道府県公安委員会は、都道府県警察に対し、①対象の事務が専門的・技術的知識を必要とするものであろうと、

②具体的又は個別的な指示を行うことができる旨、警察法に明記された。それが第43条の２（監察の指示等）である。

ここにFocus

（5分）

❶　都道府県警察に要する経費は、原則として、各都道府県警察自身が負担する。

❷　都道府県警察に要する経費のうち特定の経費は、国による一部補助の対象となる。

❸　特定の国家的性格を有する警察活動に係る経費は、国が負担する。

❹　国が負担する経費として、警察法第37条第1項が、13種類の事務に要する経費を、具体的に規定している。

❺　都道府県公安委員会は、警察法第43条の2の規定による「監察の指示」をするときは、当該指示を、具体的又は個別的な事項にわたるものとすることができる。

❻　都道府県公安委員会による「監察の指示」の対象となる「都道府県警察の事務」は、警察法第2条に規定する警察の責務を達成するために行われるあらゆる事務であり、指示の対象となる警察事務に特段の限定はない。

❼　都道府県公安委員会による「監察の指示」は、専門的・技術的知識が必要とされる警察事務についても、行うことができる。

❽　都道府県公安委員会は、委員を指名し、その委員に「監察の指示」の履行状況を点検させることができる。

PART 2

警察法

○×問題で復習

Q　〔1〕　警察法第43条の2の規定による「監察の指示」は、都道府県公安委員会が、監察についての大綱方針を定め、これによる事前事後の監督を行うことにより、実施されるものである。

〔2〕　警察法第43条の2の規定による「監察の指示」は、捜査活動や、警備実施といった専門的・技術的知識を要する事務についても、発動することが可能である。

〔3〕　警視正以上の階級にある警察官の給与は、国が負担する。

〔4〕　騒乱の場合における警備のための出動に要する経費は国が負担するが、地方的な祭礼のための警戒出動に要する経費は都道府県が負担する。

〔5〕　それが警察の責務を達成するために行われる都道府県警察の事務である限り、どのような事務であっても、都道府県公安委員会による「監察の指示」の対象となる。

解答解説

×〔1〕　警察法第43条の２の規定による「監察の指示」は、都道府県公安委員会が、監

察についての大綱方針を定め、これによる事前事後の監督を行うことにより、実
　　　　これは通常の「管理」。監察の指示はこれを超え、具体的又は個別的な事
施されるものである。
項にわたることができる。

○〔2〕　警察法第43条の２の規定による「監察の指示」は、捜査活動や、警備実施と

いった専門的・技術的知識を要する事務についても、発動することが可能である。
　　　　どのような警察事務であっても全て、監察の対象となるからである。

○〔3〕　警視正以上の階級にある警察官の給与は、国が負担する。
　　　　地方警務官＝国家公務員である。また警察法第37条各号参照。

○〔4〕　騒乱の場合における警備のための出動に要する経費は国が負担するが、地方的
　　　　国家的性格を有する警察活動（警察法施行令第２条に詳細あり）。
な祭礼のための警戒出動に要する経費は都道府県が負担する。
地方的な性格を有し、原則どおり各都道府県警察の負担となる。

○〔5〕　それが警察の責務を達成するために行われる都道府県警察の事務である限り、
　　　　　＝都道府県警察が責任を負うべき事務（警察法第36条第２項参照）。
どのような事務であっても、都道府県公安委員会による「監察の指示」の対象と
監察の指示ができる警察事務には、特段の限定がない。
なる。

警察署協議会 ⏱25分

関係条文

········· 警察法 ·········

（警察署協議会）

第53条の2　警察署に、警察署協議会を置くものとする。ただし、管轄区域内の人口が僅少であることその他特別の事情がある場合は、これを置かないことができる。

2　警察署協議会は、警察署の管轄区域内における警察の事務の処理に関し、警察署長の諮問に応ずるとともに、警察署長に対して意見を述べる機関とする。

3　警察署協議会の委員は、都道府県公安委員会が委嘱する。

4　警察署協議会の設置、その委員の定数、任期その他警察署協議会に関し必要な事項は、条例（警察署協議会の議事の手続にあつては、都道府県公安委員会規則）で定める。

こんな問題が出る！

次は、警察署協議会に関する記述であるが、誤りはどれか。

〔1〕　外国人を警察署協議会の委員に委嘱することに問題はない。

〔2〕　警察署長は、警察署協議会の述べた意見を尊重すべきであるが、その意見に拘束されるわけではない。

〔3〕　警察署協議会の委員は、都道府県公安委員会が任命するところ、その要件、定数、任期、再任については、条例で定めることとされている。

〔4〕　「管轄区域内の人口が僅少であることその他特別の事情がある」かどうかの判断は、都道府県公安委員会が行うこととされている。

〔5〕　警察署協議会は、条例に基づく警察署長の諮問機関であって、都道府県公安委員会の附属機関ではない。

〔解答〕〔4〕

STEP 1　（4分）

　警察署協議会については、警察法第53条の2が規定している。頻出事項であるが、条文の内容と例題の内容を理解しておけば基本的に足りる。

　なお、外国人を警察署協議会の委員に委嘱（任命）することができるのは、委員の要件として、日本国籍を有すること等が規定されていないのが一般だからである。

　警察署協議会は、警察法上、原則として全ての警察署に設けられなければならないが、第53条の2第1項に規定する「特別の事情」があるときは、置かないこともできる。このとき、「特別の事情」があるかどうかは、第53条の2第4項の規定により警察署協議会に関し必要な事項を条例で定めることができる、都道府県議会が判断することとされている。

　警察署協議会は、警察署に置かれる警察署長の諮問機関であって（第53条の4第2項参照）、地方自治法の規定に基づく附属機関には該当しないものとされている。

附属機関

地方自治法第138条の4第3項の規定により、例えば都道府県公安委員会に附属機関を置くことができますが、警察署協議会は警察法第53条の2第4項の規定により制定される条例を根拠とする機関であり、これには該当しません。

STEP 2　（5分）

　警察法第53条の2第4項の規定により、「警察署協議会の設置、その委員の定数、任期その他警察署協議会に関し必要な事項は、条例で定める」こととされている。そして、警察署協議会の委員の任期や再任の可否・回数が出題されることも少なくない。しかし、それは各都道府県の条例によって異なる。

　したがって、警察署協議会に関する条例と、その細目を定める都道府県公安委員会規則を、ネットで検索するなどして確認しておく必要がある。

　なお、これまで述べていない事項であって、警察署協議会に関し出題され得る事項は、次のとおりである。

　①2以上の警察署に、1の警察署協議会を置くことはでき

ず、各警察署に一ずつ置かれなければならない。②警察署協議会を置かないことができる「特別の事情」とは、例えば、水上警察署・空港警察署であって管内の人口が僅少であること、極めて小規模な警察署であること等である。③警察署協議会は、警察署長に意見を求められなくとも、警察署長に対して意見を述べることができる。④警察署協議会の委員は、非常勤の特別職地方公務員である。

ここに **Focus** （5分）

① 原則として、全ての警察署に、警察署協議会を置かなければならない。

② 例外として、「特別の事情」があるときは、警察署協議会を置かないことができる。

③ 「特別の事情」があるかどうかは、⑦のような条例を定めることができる、都道府県議会が判断する。

④ 警察署協議会は、警察署長の諮問機関であって、都道府県公安委員会の附属機関ではない。

⑤ 警察署長は、警察署協議会の意見を尊重すべきであるが、それに拘束はされない。

⑥ 警察署協議会の委員は、都道府県公安委員会が委嘱する。

⑦ 警察署協議会の設置、委員の定数、任期、再任の可否・回数等は、条例で定める。

⑧ 外国人を警察署協議会の委員に委嘱することは、一般的には問題ない。

○×問題で復習

Q　〔1〕　警察署協議会の委員の定数・任期は、都道府県の条例で定めることとされている。

〔2〕　警察署長には、警察署協議会の述べた意見を尊重し、意見のとおりに警察署を運営しなければならない義務がある。

〔3〕　都道府県議会の判断により、ある警察署に警察署協議会を設置しないことはあり得る。

〔4〕　警察署協議会の委員は、都道府県公安委員会によって任命される。

〔5〕　条例が否定していないのなら、外国人を警察署協議会の委員とすることは適法である。

解答解説

○〔1〕　警察署協議会の委員の定数・任期は、都道府県の条例で定めることとされてい
　　　　　　　　　　　　　　　警察法第53条の2第4項
　　　る。

×〔2〕　警察署長には、警察署協議会の述べた意見を尊重し、意見のとおりに警察署を
　　　　　　　　　　　　　　　　　　　　　　　　　　　警察署長は警察署協議会の
　　　運営しなければならない義務がある。
　　　意見に拘束されるわけではない。

○〔3〕　都道府県議会の判断により、ある警察署に警察署協議会を設置しないことはあ
　　　　　警察法第53条の2第4項　　　　　　　　　　　　　　　　同条第1項ただし書
　　　り得る。

○〔4〕　警察署協議会の委員は、都道府県公安委員会によって任命される。
　　　　　　　　　　　警察法第53条の2第3項

○〔5〕　条例が否定していないのなら、外国人を警察署協議会の委員とすることは適法
　　　　　　一般論として、各都道府県の条例には国籍要件がない。
　　　である。

援助の要求

Chapter 15　25分

関係条文

……… 警察法 ………

（援助の要求）

第60条　都道府県公安委員会は、警察庁又は他の都道府県警察に対して援助の要求をすることができる。

2　前項の規定により都道府県公安委員会が他の都道府県警察に対して援助の要求をしようとするときは、あらかじめ（やむを得ない場合においては、事後に）必要な事項を警察庁に連絡しなければならない。

3　第1項の規定による援助の要求により派遣された警察庁又は都道府県警察の警察官は、援助の要求をした都道府県公安委員会の管理する都道府県警察の管轄区域内において、当該都道府県公安委員会の管理の下に、職権を行うことができる。

（協力の義務）

第59条　都道府県警察は、相互に協力する義務を負う。

こんな問題が出る！

次は、援助の要求に関する記述であるが、誤りはどれか。

〔１〕 警察法第60条に規定する援助の要求をする権限は、都道府県警察ではなく都道府県公安委員会に属する。

〔２〕 援助の要求により他の都道府県警察に派遣された警察官は、当該援助の要求を受けた派遣元の都道府県公安委員会の管理の下で、職権を行うこととなる。

〔３〕 警察法上、援助の要求をする相手方は、警察庁又は他の都道府県警察とされているが、援助の要求を警察庁に対してするときは警察庁長官に、他の都道府県警察にするときは都道府県公安委員会に対し行うことが基本である。

〔４〕 援助の要求においては、他の都道府県警察に、当該都道府県警察の人員、装備の援助を求めることができる。

〔５〕 援助の要求により他の都道府県警察に派遣された警察官については、その身分的な取扱いに変更がないため、当該警察官が地方警察職員のときは、派遣された期間中のその者の給与は、当該者が所属する都道府県が負担することとなる。

〔解答〕〔２〕

STEP 1

　頻出であるが、条文そのものが問われることが多い。以下、条文そのもののポイントについて簡記する。

　警察法第60条に規定する援助の要求は、一都道府県警察の能力のみでは処理することのできない事案・事態も想定されることから、ある都道府県警察の都道府県公安委員会が、警察庁又は他の都道府県警察に対し行うことができるものである。この援助の要求により、ある都道府県警察の警察官が他の都道府県警察に派遣されたときは、当該警察官は、派遣された先である当該他の都道府県の公安委員会の管理の下で職権を行うこととなり、自らの属する都道府県の公安委員会の管理を離れる。

PART 2

警察法

　なお、この警察法第60条に規定する援助の要求は、警察法第59条に規定する「協力の義務」を具体化したものである。各都道府県警察は相互に独立し、相互の間に上下の関係はないが、各都道府県警察は、他の都道府県警察の行う事務について、相互に協力する法律上の義務を負う。この警察法第59条も、条文そのものが問われることが多い。

STEP **2** 5分

　条文の解釈に関するポイントについて簡記する。

　警察庁に援助を要求するときは警察庁長官に、他の都道府県警察に要求するときはその都道府県公安委員会に対して行うこととされている。

　援助を要求することができる具体的内容は、例えば、警察庁に対して援助の要求をするときは、警察庁警察官の捜査・警備等に関する専門的技能の援助を求めること、他の都道府県警察に対して援助の要求をするときは、当該他の都道府県警察の人員・装備の援助を求めることである。

　人員の援助を要求したとき、X都道府県警察の警察官がY都道府県警察に派遣されるが、このとき派遣された警察官は、X都道府県公安委員会の管理を離れるものの、身分には変更がないので、派遣期間中、当該警察官の給与は、依然として派遣元のX都道府県が負担する。この警察官の活動に要する経費も、国庫支弁（いわゆる国費）とならない限り、やはり派遣元のX都道府県が負担する。

　なお、援助の要求は個別的な事案・事態に対処するために行われるものであるから、恒常的な援助の要求は許されない。具体的には、上記の例でいえば、Y都道府県警察が、X都道府県警察の警察官の常駐を求めるような要求は許されない。

ここに Focus

6分

① 警察法第60条に規定する援助の要求は、都道府県公安委員会が、警察庁長官又は他の都道府県公安委員会に対して行うものである。

② 警察庁に対する援助の要求として、警察庁警察官の専門的技能の援助を求めることができる。

③ 他の都道府県警察に対する援助の要求として、他の都道府県警察の人員・装備の援助を求めることができる。

④ 援助の要求により、ある都道府県警察の警察官が他の都道府県警察に派遣されたときは、当該警察官は、派遣先である他の都道府県公安委員会の管理下に入る。

⑤ 援助の要求により他の都道府県警察に派遣された警察官の給与は、派遣期間中であっても、依然として派遣元の、自らが属する都道府県が負担する。

⑥ 援助の要求により他の都道府県警察に派遣された警察官の活動に要する経費は、国費が出るのであれば別論、派遣元の、自らが属する都道府県が負担する。

⑦ 援助の要求は、災害、騒乱その他の個々の事案に対処するためのものであるから、警察官の常駐的派遣を求めるような、恒常的な援助の要求はできない。

⑧ 警察法第60条に規定する援助の要求は、警察法第59条に規定する協力の義務を具体化したものである。

⑨ 警察法第59条の規定により、相互に独立している各都道府県警察は、他の都道府県警察の行う事務について、相互に協力する義務を負う。

PART2　警察法

○×問題で復習

Q 〔1〕 援助の要求により、ある警察官を他の都道府県警察に派遣したとしても、当該警察官の給与は、派遣元の都道府県が負担しなければならない。

〔2〕 援助の要求ができる主体は、都道府県公安委員会である。

〔3〕 技能の援助を求めるため、他の都道府県警察の警察官を、自らの都道府県に常駐させることも、援助の要求として可能である。

〔4〕 各都道府県警察は、相互に協力すべき法律上の義務を負っている。

〔5〕 援助の要求に基づき他の都道府県警察に派遣された警察官が、違法な警察活動を行ったときは、派遣先である当該他の都道府県が、その責任を負う。

解答解説

○〔1〕　援助の要求により、ある警察官を他の都道府県警察に派遣したとしても、当該

警察官の<u>給与</u>は、<u>派遣元の都道府県が負担</u>しなければならない。
その警察官の身分的な取扱いに変更はないから。

○〔2〕　援助の要求ができる<u>主体</u>は、<u>都道府県公安委員会</u>である。
例えば、警視庁又は道府県警察本部ではない。

×〔3〕　技能の援助を求めるため、他の都道府県警察の警察官を、自らの都道府県に<u>常</u>

<u>駐</u>させることも、援助の要求として可能である。
恒常的である。　恒常的な援助の要求は許されない。

○〔4〕　各都道府県警察は、相互に協力すべき<u>法律上の義務</u>を負っている。
警察法は「義務」という用語を用いている。

○〔5〕　援助の要求に基づき他の都道府県警察に派遣された警察官が、違法な警察活動

を行ったときは、派遣先である<u>当該他の都道府県</u>が、その<u>責任</u>を負う。
派遣先である他の都道府県公安委員会の管理の下、職権を行うから（条文）。

管轄区域の境界周辺における事案に関する権限

Chapter 16

30分

関係条文

······· **警察法**

（管轄区域の境界周辺における事案に関する権限）

第60条の2　管轄区域が隣接し、又は近接する都道府県警察は、相互に協議して定めたところにより、社会的経済的一体性の程度、地理的状況等から判断して相互に権限を及ぼす必要があると認められる境界の周辺の区域（境界から政令で定める距離までの区域に限る。）における事案を処理するため、当該関係都道府県警察の管轄区域に権限を及ぼすことができる。

こんな問題が出る！

次は、管轄区域の境界周辺における事案に関する権限に関する
記述であるが、誤りはどれか。

3分

〔1〕 警察法第60条の2の規定による管轄区域外の権限行使は、境界の周辺の区域における事案を処理するためのものであるが、この境界の周辺の区域とは、原則として境界から15キロメートルまでの区域に限られる。

〔2〕 管轄区域が隣接する都道府県警察は、相互に協議して定めたところにより、相互の管轄区域に権限を及ぼすことができるが、このことは、管轄区域が近接する都道府県警察についても同様である。

〔3〕 警察法第60条の2の規定により、都道府県警察は、その管轄区域外における権限行使が可能となるが、その権限行使は、権限を及ぼす必要があると認められる境界周辺区域に限られる。

〔4〕 管轄区域に着目して、都道府県公安委員会や警察署長の権限とされている許認可については、警察法第60条の2の規定による管轄区域外の権限行使の対象にはなり得ない。

〔5〕 警察法第60条の2の規定による管轄区域外の権限行使の対象となる事案は、境界周辺の区域における事案全般であり、犯罪の捜査はもとより、犯罪予防のための警ら、交通の指導取締り、保護、救護の活動が含まれる。

〔解答〕 〔3〕

STEP 1 **5分**

　条文そのものが問われることが多く、複雑な構成ではないが長文であることから、趣旨を理解して条文を読む。

　警察法第60条の2は、「管轄区域の境界周辺における事案に関する権限」についての条文であるが、要はある都道府県警察が、管轄区域外に権限を及ぼすことができる旨の条文である（管轄区域外の権限行使）。

　ある都道府県警察が、この条文による管轄区域外の権限行使をするためには、次のことが必要となる。①管轄区域が隣接し、又は近接する都道府県警察が主体となること。②それ

らの都道府県警察が、相互に協議して（実施のルールを）定めること。③対象事案が、相互に権限を及ぼす必要があると認められる境界周辺における事案であること。④地理的には、原則として境界から15キロメートルまでの区域における事案に限ること。

　具体的には、例えば、管轄区域が隣接するＡ都道府県警察とＢ都道府県警察が（①）、境界から原則15キロメートルまでの「境界周辺における」「互いに権限を及ぼし合う必要がある」警察事象について（④③）、具体的なエリア、具体的な対象事案、具体的な処理方法等を「相互に協議して」（②）、定めておけば、定めたとおりに、Ａ都道府県警察はＢ都道府県警察の管轄区域において、Ｂ都道府県警察はＡ都道府県警察の管轄区域において、自ら権限を行使することができるようになる。

STEP 2 （10分）

　条文の解釈上重要なポイントは、頻出である。

　警察法第60条の２自体は、具体的な距離制限をしていない。それは警察法施行令第７条の２において定められている（上記のとおり、原則15キロメートル）。

　警察法第60条の２の規定の対象となる都道府県警察は、「管轄区域が隣接し、又は近接する」都道府県警察である。隣接とは隣り合っていること、境界が接していることだが、近接とは境界間の距離が短いことをいう。したがって、境界が接している都道府県警察のみならず、接してはいなくても境界間の距離が近ければよい。

　警察法第60条の２の規定により、「どのような事案について」管轄区域外の権限行使が可能となるかについては、一定の制限がある。境界から原則15キロメートルまでの区域における事案であるべきことは既述だが、そもそも「管轄区域に着目して」都道府県公安委員会・警察署長の権限とされる許認可等については、警察法第60条の２の対象とならない。変

動させる必要性・特例を認める必要性がないからである。

　しかしながら、それらの制限を除けば、犯罪の捜査はもちろん、犯罪の予防のための警ら、交通の指導取締り、保護、救護等、警察の責務に含まれる事案・活動全般が、警察法第60条の2に規定する、管轄区域外の権限行使の対象となる。

　なお、「どのような事案が対象となるか」については地理的制約があるものの、「その事案に対処するため、どこまで権限を及ぼせるか」はまた別論である。すなわち、警察法第60条の2の規定により管轄区域外に権限を及ぼすためには、権限を及ぼすべき事案が「境界周辺における事案」である必要があるが、そのような事案であれば、それを処理するため、関係都道府県警察の管轄区域の全域において権限行使が可能である。

　具体的には、例えば、隣接するA・B都道府県警察の境界から15キロメートルまでの区域における殺人の捜査について、A・Bが協議して定めていれば、AはBの管轄区域全域で、BはAの管轄区域全域で、それぞれ「管轄区域外の」殺人の捜査を行うことが可能である（なお前述のとおり、事案はもちろん犯罪捜査に限られない）。イメージとしては、端緒事案については地理的制約があるが、権限行使についてはないととらえてよい。

PART 2

警察法

ここに**Focus**

❶ 警察法第60条の２の「管轄区域の境界周辺における事案に関する権限」の規定により、一定の要件の下、ある都道府県警察は、その管轄区域外における権限行使が可能となる。

❷ 警察法第60条の２の規定により、ある都道府県警察が管轄区域外において権限を行使するためには、他の関係都道府県警察と、管轄区域が「隣接」するか、又は「近接」していなければならない。

❸ 警察法第60条の２に規定する「近接」とは、必ずしも境界が接し合っていなくとも、境界間の間隔が短ければよいことを意味する。

❹ 警察法第60条の２の規定により、ある都道府県警察が管轄区域外において権限を行使するためには、他の関係都道府県警察と、必要なルールを「相互に協議して」定めておかなければならない。

❺ 警察法第60条の２の規定により、ある都道府県警察が管轄区域外において権限を行使するためには、対象事案が、「相互に権限を及ぼす必要があると認められる」「境界の周辺の区域における」事案である必要がある。

❻ 警察法第60条の２に規定する、「境界の周辺の区域」とは、原則として、境界から15キロメートルまでの区域である（トンネル・自動車道について例外あり）。

❼ ある都道府県警察が、管轄区域に着目して都道府県公安委員会や警察署長の権限とされている許認可等について、警察法第60条の２の規定により、管轄区域外において権限を行使することはできない。

❽ ある都道府県警察は、❺❼を遵守する限り、犯罪の捜査はもとより、犯罪の予防のための警ら、交通の指導取締り、保護、救護等、警察法第２条に規定する警察の責務に含まれる事案・活動全般について、警察法第60条の２の規定により、管轄区域外において権限を行使することが可能である。

❾ 警察法第60条の２の規定による管轄区域外における権限行使は、関係都道府県警察の管轄区域の全域において可能であり、相互に協議して定めている限り、❺❻のような地理的制約を受けない。

○×問題で復習

Q

〔1〕　警察法第60条の2の規定による管轄区域外における権限行使を行うためには、関係都道府県警察が相互に協議して、必要な事項を事前に定めておく必要がある。

〔2〕　警察法第60条の2の規定による管轄区域外における権限行使は、原則として、境界から15キロメートルまでの区域における事案を処理するため、可能となる。

〔3〕　警察法第60条の2の規定による管轄区域外における権限行使ができる都道府県警察は、必ずしも相互に隣接している必要はない。

〔4〕　ある法律が、都道府県公安委員会の管轄区域に着目して、その権限であると規定している許可事務については、警察法第60条の2の規定による管轄区域外における権限行使の対象とはならない。

〔5〕　警察法第60条の2の規定による管轄区域外における権限行使は、法律上、境界の周辺の区域のみにおいて可能である。

解答解説

○〔1〕　警察法第60条の2の規定による管轄区域外における権限行使を行うためには、

関係都道府県警察が相互に協議して、必要な事項を事前に定めておく必要がある。
条文。「相互に協議して定めたところにより」。定めなければできない。

○〔2〕　警察法第60条の2の規定による管轄区域外における権限行使は、原則として、
トンネル・自動車道について例外あり。
境界から15キロメートルまでの区域における事案を処理するため、可能となる。
条文。「境界の周辺の区域における事案を処理するため」。

○〔3〕　警察法第60条の2の規定による管轄区域外における権限行使ができる都道府県

警察は、必ずしも相互に隣接している必要はない。
条文。「隣接し、又は近接する」。

○〔4〕　ある法律が、都道府県公安委員会の管轄区域に着目して、その権限であると規
変動を予定していない。
定している許可事務については、警察法第60条の2の規定による管轄区域外にお
本来の管轄区域に従って行われるべき。
ける権限行使の対象とはならない。

×〔5〕　警察法第60条の2の規定による管轄区域外における権限行使は、法律上、境界
条文上は制約がない。
の周辺の区域のみにおいて可能である。
〔2〕の事案処理のためなら、全域で可能。

広域組織犯罪等に関する権限等

関係条文

-------- 警察法 --------

（広域組織犯罪等に関する権限）

第60条の3　都道府県警察は、広域組織犯罪等を処理するため、必要な限度において、その管轄区域外に権限を及ぼすことができる。

（広域組織犯罪等に対処するための措置）

第61条の3　長官は、広域組織犯罪等に対処するため必要があると認めるときは、都道府県警察に対し、広域組織犯罪等の処理に係る関係都道府県警察間の分担（重大サイバー事案の処理にあつては、警察庁及び関係都道府県警察間の分担）その他の広域組織犯罪等に対処するための警察の態勢に関する事項について、必要な指示をすることができる。

2　都道府県警察は、前項の指示に係る事項を実施するため必要があるときは、第60条第1項の規定により他の都道府県警察に対し広域組織犯罪等の処理に要する人員の派遣を要求すること、第60条の3の規定により広域組織犯罪等を処理するためその管轄区域外に権限を及ぼすことその他のこの節に規定する措置をとらなければならない。

3　長官は、重大サイバー事案について警察庁と都道府県警察が共同して処理を行う必要があると認めるときは、当該重大サイバー事案の処理に関する方針を定め、警察庁又は関係都道府県警察の一の警察官（第60条第1項の規定による援助の要求又は第1項の規定による指示により派遣された者を含む。）に、当該重大サイバー事案の処理に関し、当該方針の範囲内で、警察庁及び関係都道府県警察の警察職員に対して必要な指揮を行わせることができる。

4　第1項の規定による指示により重大サイバー事案の処理に関して警察庁に派遣された都道府県警察の警察官は、国家公安委員会の管理の下に、当該重大サイバー事案の処理に必要な限度で、全国において、職権を行うことができる。

次は、広域組織犯罪等に関する権限等に関する記述であるが、誤りはどれか。

〔1〕　警察庁長官は、広域組織犯罪等に対処するため必要があると認めるときは、都道府県警察に対し必要な指示をすることができるが、この指示は、個々の捜査活動の具体的方針や方法にわたることができる。

〔2〕　都道府県警察は、広域組織犯罪等を処理するため、その管轄区域外において権限行使ができるが、特定の都道府県警察がその処理に当たれば足りるときにまで、全国の全ての都道府県警察がこの管轄区域外における権限行使をなし得るわけではない。

〔3〕　警察法に規定する「広域組織犯罪等」とは、組織を背景とした広域にわたる犯罪のほか、組織性が明らかでない事案、犯罪以外の事案等、広域組織犯罪に準ずる事案を含む。

〔4〕　警察庁長官は、広域組織犯罪等に対処するため必要があると認めるときは、当該対処のための警察の態勢に関する事項について、都道府県警察に対し必要な指示をすることができ、指示を受けた都道府県警察は、必要な措置をとる法的義務を負う。

〔5〕　ある都道府県警察は、広域組織犯罪等を処理するため、その管轄区域外において権限行使ができるが、その広域組織犯罪等が、自らの管轄区域において発生している必要はない。

〔解答〕〔1〕

STEP 1

　警察法上、「広域組織犯罪等」は、主として第60条の3と第61条の3に規定され、頻出事項である。まず前者について簡記する。

　警察法第60条の3は、広域組織犯罪等に関する権限を規定する条文である。具体的には、Chapter 16同様、都道府県警察の管轄区域外における権限行使を規定する条文である。

　すなわち、都道府県警察は、「広域組織犯罪等を処理するた

め」「必要な限度において」、管轄区域外における権限行使が可能である。要件はこの２つである。

　要件のうち、「広域組織犯罪等」とは、ⅰ）組織を背景とした広域にわたる犯罪（＝広域組織犯罪）と、ⅱ）それに準ずる、組織性が明らかでないものや、犯罪以外の事案をいう（「等」が加えられている点に注意を要する）。

　要件のうち、「必要な限度」とは、管轄区域外における権限行使が可能となる都道府県警察を限定するものである。すなわち、警察法第60条の３の規定により、どの都道府県警察が管轄区域外において権限を行使できるかは、広域組織犯罪等の規模、態様等に応じて決まるのであって、特定の都道府県警察のみが対処すれば足りるときにまで、全国の全ての都道府県警察が管轄区域外において権限を行使できるわけではない。

　なお、警察法第60条の３の規定による管轄区域外における権限行使の要件は上記の２つのみであるから、例えば「その広域組織犯罪等が自らの管轄区域において発生していること」は要件でなく、すなわち、自らの管轄区域においてはいまだ事件が発生していない段階であっても、同条の規定による管轄区域外における権限行使は可能である。

STEP 2 （5分）

　他方、警察法第61条の３は、広域組織犯罪等に対処するための措置を規定する条文である。具体的には、警察庁長官による都道府県警察に対する指示と、その指示を受けた都道府県警察がとるべき措置を規定する条文である。

　主たるポイントは次の３点である。

　第１、「広域組織犯罪等」の意義は、上述の、警察法第60条の３と同じであること。第２、警察庁長官の「指示」は、条文どおり、広域組織犯罪等に対処するための「警察の態勢」に関する事項に限られ、すなわち、ⅰ）どの都道府県警察が対処するか、ⅱ）その任務分担をどうするか、ⅲ）その指揮

PART 2　警察法

系統をどうするか、といった内容となり、よって「個々の捜査活動の具体的方針や方法は含まれない」こと（個別具体的な警察活動の指揮は、原則として警察庁の仕事ではない）。第3、警察庁長官の「指示」を受けた都道府県警察は、指示された事項を実施するため必要な措置をとる法的義務を負うこと。以上の内容が頻出である。

ここに **Focus**

 (7分)

❶　警察法第60条の3（広域組織犯罪等に関する権限）の規定は、具体的には、都道府県警察による、管轄区域外における権限行使を規定する条文である。

❷　警察法第60条の3の規定による管轄区域外における権限行使をするためには、ⅰ）広域組織犯罪等を処理するためであること、ⅱ）必要な限度内であることの、2つの要件を充たす必要がある。

❸　警察法を通じて、「広域組織犯罪等」とは、ⅰ）組織を背景とした広域にわたる犯罪＝広域組織犯罪そのものと、ⅱ）ⅰに準ずる、組織性が明らかでない事案・犯罪以外の事案をいう（広域組織犯罪そのものに限定されない）。

❹　警察法第60条の3の規定による管轄区域外における権限行使は、「必要な限度において」行われなければならない。

❺　警察法第60条の3に規定する「必要な限度」は、広域組織犯罪等の規模、態様等に応じて決まり、よって例えば、一部の都道府県警察らが対処すれば十分なときにまで、全国の全ての都道府県警察が、管轄区域外において権限を行使できることにはならない。

❻　警察法第60条の3の規定により管轄区域外における権限行使をしようとするときは、②ⅱの要件を充たせばよく、例えば広域組織犯罪等が自らの管轄区域において現に発生している必要はない（いまだ事件が発生していない段階においても、管轄区域外において権限を行使し得る）。

❼　警察法第61条の3（広域組織犯罪等に対処するための措置）の規定は原則、警察庁長官による都道府県警察に対する指示と、その指示を受けた都道府県警察がとるべき措置を規定する条文である（重大サイバー事案対処について例外あり）。

❽　警察法第61条の3に規定する警察庁長官の「指示」は、広域組織犯罪等に対処するための「警察の態勢」に関する事項（例えば、関係都道府県警察間の任務分担）に限られ、個々の捜査活動の具体的方針や方法にわたることはできない。

❾　警察法第61条の3に規定する警察庁長官の「指示」を受けた都道府県警察は、指示された事項を実施するため必要な措置をとる「法的義務」を負う。

○×問題で復習

Q　〔1〕　都道府県警察が広域組織犯罪等を処理するためその管轄区域外において権限を行使しようとするときは、具体的な犯罪が管轄区域内において発生していることを要しない。

〔2〕　警察法に規定する「広域組織犯罪等」とは、組織を背景とした広域にわたる犯罪を指す。

〔3〕　警察庁長官が都道府県警察に対し、広域組織犯罪等に対処するため必要な指示をするとき、その指示が個々の犯罪捜査の具体的な実施方法にわたることはない。

〔4〕　ある広域組織犯罪等の規模に鑑み、A・B・C都道府県警察が対処をすれば足りるときにまで、全国の都道府県警察が管轄区域外において権限を行使できるわけではない。

〔5〕　警察庁長官による、広域組織犯罪等に対処するための指示を受けた都道府県警察は、当該指示内容を実現するため必要な活動を行う法律上の義務を負う。

解答解説

○〔1〕　都道府県警察が広域組織犯罪等を処理するためその管轄区域外において<u>権限を</u>
　　　　　　　　　　　　　　　　　　　　　　　　　　　　　　　　　　　　　第60条
　　　<u>行使しようとするときは、具体的な犯罪が管轄区域内において発生していること</u>
　　　の3の場合である。　　　　いまだ事件・事案が自県内において発生してはいなくとも
　　　<u>を要しない。</u>
　　　可能である（それは要件ではない）。

×〔2〕　警察法に規定する<u>「広域組織犯罪等」とは、組織を背景とした広域にわたる犯</u>
　　　　　　　　　　　　　　「等」である点に注意を要する。
　　　<u>罪を指す。</u>
　　　広域組織犯罪そのものに限られず、それに準ずる事案を含む。

○〔3〕　警察庁長官が都道府県警察に対し、広域組織犯罪等に対処するため必要な指示
　　　　　　　　　　　　　　　　　　　　　　　　　　　　　　　　　　　　　第61
　　　<u>をするとき、その指示が個々の犯罪捜査の具体的な実施方法にわたることはない。</u>
　　　条の3の場合である。　　指示できるのは「警察の態勢」のみである。

○〔4〕　ある広域組織犯罪等の規模に鑑み、A・B・C都道府県警察が対処をすれば足
　　　　　　　　　　　　　　　　　　条文の「必要な限度」の判断である。
　　　<u>りるときにまで、全国の都道府県警察が管轄区域外において権限を行使できるわ</u>
　　　　　　　　　　　条文の「必要な限度」を超えることになる。
　　　けではない。

○〔5〕　警察庁長官による、広域組織犯罪等に対処するための指示を受けた<u>都道府県警</u>
　　　　　　　　　　　　　　　　　　　　　　　　　第61条の3の場合である。
　　　<u>察は、当該指示内容を実現するため必要な活動を行う法律上の義務を負う。</u>
　　　　　　　　　　　　　　　条文。「措置をとらなければならない」

管轄区域外における権限

関係条文

·········· **警察法** ··

（管轄区域外における権限）

第61条　都道府県警察は、居住者、滞在者その他のその管轄区域の関係者の生命、身体及び財産の保護並びにその管轄区域における犯罪の鎮圧及び捜査、被疑者の逮捕その他公安の維持に関連して必要がある限度においては、その管轄区域外にも、権限を及ぼすことができる。

> こんな問題が出る！
>
> 次は、管轄区域外における権限に関する記述であるが、誤りはどれか。

〔1〕　警察法第61条の規定により、都道府県警察はその管轄区域外にも権限を及ぼすことが可能となるが、そのような権限行使は、合理的な範囲で技術的に必要があると認められる限度内であることを要する。

〔2〕　警察法第61条に規定する「関係者」とは、管轄区域内に近未来において入ることが予想される者、管轄区域にかかわりのある事象の関係者といった、管轄区域に一定の関連を有する者をいう。

〔3〕　他の都道府県警察の管轄区域内において発生した犯罪であっても、被疑者が管轄区域内に現にいる場合や、被疑者が指名手配されている場合は、警察法第61条の規定による管轄区域外における権限行使が可能となる。

〔4〕　警察法第61条の規定による管轄区域外における権限行使に当たっては、犯罪の鎮圧及び捜査が可能となるが、都道府県警察が行使できるその他のあらゆる権限を行使できるわけではない。

〔5〕　警察法第61条の規定による管轄区域外における権限行使の「管轄区域外」には、我が国の領域のみならず、公海上及び外国の領域が含まれる。

〔解答〕〔4〕

STEP 1

頻出であり、条文の解釈と、具体的な事例を用いての検討がともに出題される。そのため、条文解釈上のポイントとなる内容を簡記する。

警察法第61条も、都道府県警察が、その管轄区域外において権限を行使するための規定である。その要件は、「管轄区域の関係者の生命、身体、財産の保護」か「管轄区域における公安の維持」に「関連して必要な限度」であることである。要は、ある都道府県警察が警察法第2条に規定する警察の責務を果たすことに「関連して必要な限度」である。

ここで、要件にある「関係者」は、大別して3種類である。①管轄区域に住所・居所を有している者（今現在管轄区域にいなくてもよい）、②今現在管轄区域にいる者、③近々管轄区域に入ってきそうな者・管轄区域にかかわりのある警察事象の関係者といった、管轄区域に一定の関連を有する者である。①が条文の「居住者」、②が条文の「滞在者」、③が条文の「関係者」であり、頻出である。

①②③の者の生命・身体・財産の保護に関連して必要があることが、警察法第61条に規定する管轄区域外における権限行使の1パターンである。

他のパターンは、管轄区域における公安の維持に関連して必要がある場合である。公安の維持とは、同法第2条に規定する「公共の安全と秩序の維持」のことである。

STEP 2

上記のいずれのパターンでも、管轄区域外における権限行使は、それぞれに「関連して必要がある限度において」（条文）行われなければならない。この制限は、具体的には、ある都道府県警察がこれから管轄区域外において行おうとする活動が、①管轄区域外と直接関連を持ち、②合理的な範囲で技術的に必要があると認められる限度内でなければならない、

ということを意味する（解釈）。

　どのような権限を管轄区域外において行使できるかについては、制約がない。すなわち、犯罪の鎮圧、捜査、被疑者の逮捕のための権限はもとより、警職法その他の法令の規定に基づく権限等、およそ警察官に与えられた全ての権限を、管轄区域外において行使することが可能である。

　この「管轄区域外」には、公海上及び外国の領域が含まれる。

　なお、条文は例えば、「管轄区域における犯罪の……捜査……に関連して必要がある限度において」と規定しているが、これは「管轄区域内において発生した犯罪」のことを意味しない。例えば、犯罪が他の都道府県警察の管轄区域内において発生したとしても、警察法第61条の規定による管轄区域外における権限行使は可能である。そのような場合としては、①犯罪自体はA都道府県警察の管轄区域内で発生しているが、被疑者や被害者がB都道府県警察の管轄区域内に現にいたり（あるいは住所を有していたり）、はたまた、②A都道府県警察からB都道府県警察に対し捜査の依頼があったり、あるいは、③A都道府県警察がある被疑者の指名手配をした場合、B都道府県警察は管轄区域外における権限行使が可能である。

ここに **Focus**

❶　警察法第61条の規定により、ある都道府県警察は、警察の責務の達成に関連して必要な限度において、その管轄区域外において権限を行使することができる。

❷　警察法第61条の規定が発動できるのは、ⅰ）管轄区域の関係者の生命・身体・財産の保護を要する場合か、ⅱ）管轄区域における公共の安全と秩序の維持を図るべき場合の、いずれかである。

❸　警察法第61条の発動は、②ⅰⅱに関連して必要な限度内であることを要する。

❹　警察法第61条に規定する「関連して必要がある限度において」（③）とは、ある都道府県警察がこれから管轄区域外において行おうとする活動が、ⅰ）管轄区域外と直接関連を持ち、かつ、ⅱ）合理的な範囲で技術的に必要があると認められる限度内になければならないことを意味する。

❺　警察法第61条を発動する際、管轄区域外において行使できる権限は、犯罪捜査の権限のみならず、およそ警察官に与えられた全ての権限である。

❻　警察法第61条に規定する「管轄区域外」は、我が国の領域に限られず、公海上及び外国の領域を含む。

❼　警察法第61条を発動し、例えば犯罪捜査を行おうとする際、当該犯罪が、自らの管轄区域において発生している必要はなく、他の都道府県警察の管轄区域において発生した犯罪についても、管轄区域外における権限行使は可能である。

❽　他の都道府県警察の管轄区域において発生した犯罪について、警察法第61条を発動できる場合としては、ⅰ）その被疑者・被害者が自らの管轄区域内の「居住者」「滞在者」「関係者」である場合、ⅱ）他の都道府県警察から捜査の依頼があった場合、ⅲ）他の都道府県警察が指名手配を行った場合等が考えられる。

❾　警察法第61条に規定する、「居住者、滞在者その他のその管轄区域の関係者の生命、身体及び財産の保護」について、ⅰ）「居住者」とは管轄区域に住所・居所を有している者を、ⅱ）「滞在者」とは管轄区域に現に存在する者を、「関係者」とはそれら以外の管轄区域に一定の関連を有する者をいう。

○×問題で復習

Q　〔1〕　X都道府県警察の管轄区域において殺人事件が発生した場合、当該殺人事件の被疑者がY都道府県警察の管轄区域内の滞在者と認められるときは、Y都道府県警察の警察官は、X都道府県警察の管轄区域において、警職法に規定する権限を行使することまではできないが、犯罪捜査の権限及び被疑者の逮捕のための権限を行使することは当然に可能である。

〔2〕　X都道府県警察の管轄区域内である罪を犯した被疑者が近い将来にY都道府県警察の管轄区域内に入ると予想されるとき、警察法第61条の規定により、Y都道府県警察は、X都道府県警察の管轄区域において権限を行使することができる。

〔3〕　X都道府県警察の管轄区域内の居住者である甲が、インターネットを利用して、Y都道府県警察の管轄区域内のホテルから、Z都道府県警察の管轄区域内の居住者である乙に脅迫状を送信したときは、Y都道府県警察の警察官は、X都道府県警察とZ都道府県警察の管轄区域内のいずれもにおいて、権限を行使することが可能である。

〔4〕　X都道府県警察の管轄区域内に本拠地を有する暴力団に出入りしている暴力団組員甲を被疑者とする恐喝事件については、その実行の場所がY都道府県警察の管轄区域内であったとしても、X都道府県警察の警察官は、Y都道府県警察の管轄区域において権限を行使できる。

〔5〕　X都道府県警察の管轄区域において発生した窃盗事件の被疑者を検挙した場合において、当該被疑者がY都道府県警察の管轄区域において窃盗の余罪を犯していることが判明したときは、X都道府県警察の警察官は、警察法第61条の規定により、Y都道府県警察の管轄区域において権限を行使できることとなる。

解答解説

×〔1〕　X都道府県警察の管轄区域において殺人事件が発生した場合、当該殺人事件の

被疑者がY都道府県警察の管轄区域内の滞在者と認められるときは、Y都道府県
被疑者・被害者が「居住者」「滞在者」「関係者」であればよい。
警察の警察官は、X都道府県警察の管轄区域において、警職法に規定する権限を
　　　　　　　　　　　　　　　　　　　　警職法に基づく権限・その
行使することまではできないが、犯罪捜査の権限及び被疑者の逮捕のための権限
他の法令に基づく権限等、あらゆる権限が行使可能である。
を行使することは当然に可能である。

○〔2〕　X都道府県警察の管轄区域内である罪を犯した被疑者が近い将来にY都道府県
　　　　　　他の都道府県警察の管轄区域において発生した犯罪でもよい。
警察の管轄区域内に入ると予想されるとき、警察法第61条の規定により、Y都道
　　　　　　警察法第61条に規定する「関係者」に該当。
府県警察は、X都道府県警察の管轄区域において権限を行使することができる。
　　　　　　　　「犯罪の……捜査、被疑者の逮捕……に関連して必要がある限度」である。

○〔3〕　X都道府県警察の管轄区域内の居住者である甲が、インターネットを利用して、
　　　　　　　　　　　　　Y都道府県警察にとっては「滞在者」である。
Y都道府県警察の管轄区域内のホテルから、Z都道府県警察の管轄区域内の居住

者である乙に脅迫状を送信したときは、Y都道府県警察の警察官は、X都道府県

警察とZ都道府県警察の管轄区域内のいずれもにおいて、権限を行使することが
　　　　　　　　　　　　　　　　関係都道府県警察が複数となることも当然ある。
可能である。

○〔4〕　X都道府県警察の管轄区域内に本拠地を有する暴力団に出入りしている暴力団
　　　　　　　　　　　　　少なくとも「滞在者」又は「関係者」である。
組員甲を被疑者とする恐喝事件については、その実行の場所がY都道府県警察の
　　　　　　　　　　　　　　　　他の都道府県警察の管轄区域において
管轄区域内であったとしても、X都道府県警察の警察官は、Y都道府県警察の管
発生した犯罪でもよい。
轄区域において権限を行使できる。

○〔5〕　X都道府県警察の管轄区域において発生した窃盗事件の被疑者を検挙した場合

において、当該被疑者がY都道府県警察の管轄区域において窃盗の余罪を犯して
　　　　　　　　　　　他の都道府県の管轄区域において発生した犯罪でもよい。
いることが判明したときは、X都道府県警察の警察官は、警察法第61条の規定に

より、Y都道府県警察の管轄区域において権限を行使できることとなる。

事案の共同処理等に係る指揮及び連絡

関係条文

········· **警察法** ···

（事案の共同処理等に係る指揮及び連絡）

第61条の2　警視総監又は警察本部長は、当該都道府県警察が、他の都道府県警察の管轄区域に権限を及ぼし、その他他の都道府県警察と共同して事案を処理する場合において、必要があると認めるときは、相互に協議して定めたところにより、関係都道府県警察の一の警察官（第60条第1項の規定による援助の要求により派遣された者を含む。）に、当該事案の処理に関し、当該協議によりあらかじめ定めた方針の範囲内で、それぞれの都道府県警察の警察職員に対して必要な指揮を行わせることができる。

2　（略）

3　都道府県警察は、他の都道府県警察の管轄区域に権限を及ぼすときは、当該他の都道府県警察と緊密な連絡を保たなければならない。

こんな問題が出る！

次は、事案の共同処理等に係る指揮及び連絡に関する記述であるが、誤りはどれか。

〔１〕　警察法第61条の２の「事案の共同処理等に係る指揮及び連絡」の規定は、都道府県警察間の指揮の一元化及び緊密な連携義務を定めたものである。

〔２〕　警察法第61条の２の規定による指揮の一元化は、事案の共同処理の場合のほか、都道府県警察が管轄区域外において権限を行使する場合にも適用される。

〔３〕　警察法第61条の２の規定により、関係都道府県警察の警察職員に対して、協議して定められた一の警察官が必要な指揮を行うことができ、その結果、その指揮を受けた警察職員は、自らが属しない他の都道府県警察の事務を処理することとなる。

〔４〕　警察法第61条の２の規定による指揮の一元化は、必ずしも関係都道府県警察が同一の地域で活動する場合にのみ行われるものではなく、関係都道府県警察が単に同一事案を連携して処理する場合にも行われる。

〔５〕　警察法第61条の２の規定により、協議して定められる「一の警察官」は、同法第60条に規定する「援助の要求」により派遣された警察官であっても問題はない。

〔解答〕〔３〕

STEP 1

　１つのテーマとして、５つの選択肢を用意されるほどの取扱いはされないが、「管轄区域外における権限行使」に関連する１つの選択肢として出題されることが多い。

　したがって、条文の趣旨と頻出ポイントを理解しておく。

　警察法第61条の２（事案の共同処理等に係る指揮及び連絡）の条文は、①都道府県警察が他の都道府県警察の管轄区域に権限を及ぼす場合（管轄区域外の権限行使の場合）か、②都道府県警察が他の都道府県警察と共同して事案を処理する場合において、一定の要件の下、③関係都道府県警察の「一の

警察官」（とある特定の警察官）に、④各都道府県警察の警察
職員に対する指揮権を与えることができる旨の条文である。

　すなわち、この条文は、関係都道府県警察の指揮の一元化
を図るための条文である。

　また、この条文は、上記の①の場合（管轄区域外の権限行
使の場合）において、関係都道府県警察が「緊密な連携を保
たなければならない」という義務を課す条文でもある（警察
法第61条の2第3項）。

STEP 2

　この警察法第61条の2に関し、頻繁に問われるポイントは
次のとおりである。

　①本条による指揮の一元化は、ⅰ）事案の共同処理の場合
にも、ⅱ）管轄区域外における権限行使の場合にも、行われ
得る(想定されている事態は2種類ある)。②指揮の一元化の
ため定められた「一の警察官」は、関係都道府県警察に属す
る警察官でなければならないが、しかしながら、それら関係
都道府県警察に「援助の要求」によって派遣された警察官で
あってもよい（＝本籍地が関係都道府県警察でなくとも、援
助の要求によって関係都道府県警察に派遣された警察官なら
よい。例えば警察庁警察官等）。③「一の警察官」の指揮を受
け、関係都道府県の警察職員が具体的な警察事務・警察活動
を実施することとなるが（指揮に従う法的義務がある）、しか
しながら、指揮を受けた警察職員は、あくまで自分が属する
都道府県警察の事務を処理するのであって、それを超えて、他
の都道府県警察の事務・活動を処理するわけではない。④本
条による指揮の一元化は、①のとおり2種類の場合において
行われるのだから、関係都道府県警察が「同一の地域で活動
する」場合にのみ行われるわけではなく、関係都道府県警察
が単に同一事案を「連携して処理」する場合においても行わ
れる（それぞれがそれぞれの管轄区域内においてのみ活動す
るときもあれば、それぞれがそれぞれ別に管轄区域外の権限

行使をするときもある）。

　なお、「一の警察官」による特例的な指揮の一元化を図る以上、「一の警察官」が誰か、その指揮の基準はどのようなものか、終了するのはどのようなときか等について、協定が締結される。警察法第61条の2はこのことを「相互に協議して定めたところにより」と規定している（同条第1項）。

ここに Focus

❶　警察法第61条の2（事案の共同処理等に係る指揮及び連絡）の規定は、関係都道府県警察の指揮の一元化を図るための規定である。

❷　警察法第61条の2の規定は、管轄区域外における権限行使の場合に、関係都道府県警察に、緊密な連携を保たなければならない義務を課するものである。

❸　警察法第61条の2が発動されるのは、ⅰ）管轄区域外における権限行使の場合か、ⅱ）関係都道府県警察が共同して事案を処理する場合のいずれかである。

❹　警察法第61条の2が発動されるのは、関係都道府県警察が同一の地域で活動する場合に限られるわけではなく、関係都道府県警察が同一事案を連携して処理する場合においても発動される。

❺　警察法第61条の2の規定により指揮の一元化が行われるときは、関係都道府県警察が相互に協議して、一元的な指揮を行う「一の警察官」を定める。

❻　協議して定められた「一の警察官」は、関係都道府県警察の警察職員に対して、必要な指揮を行う権限を有することとなる。

❼　警察法第61条の2に規定する「一の警察官」は、関係都道府県警察に属する警察官でなければならないが、これには、援助の要求により関係都道府県警察に派遣された警察官も含まれる。

❽　協議して定められた「一の警察官」の指揮を受け、具体的な警察事務を処理する警察職員は、自分が所属する都道府県警察の事務を処理するのであって、他の都道府県警察の事務を処理することとなるわけではない。

○×問題で復習

Q 〔1〕 同一犯人による広域にわたる重要事件の捜査を、関係都道府県警察がそれぞれの管轄区域内において相互の連携を図りながら進めるにすぎないときは、警察法第61条の2に規定する「共同して事案を処理する場合」に該当することはない。

〔2〕 警察法第61条の2に規定する「一の警察官」Aの指揮を受けた警察職員Bは、Bの所属する都道府県警察の事務を処理することとなる。

〔3〕 警察法第61条の2は、関係都道府県警察が同一の地域で活動する場合のほか、管轄区域の境界周辺における事案を処理する場合や、広域組織犯罪等を処理する場合にも適用される。

〔4〕 X都道府県警察が、警察法の規定によりY都道府県警察の管轄区域において権限を行使しようとするときは、Y都道府県警察と緊密な連携を保つべき法的義務がある。

〔5〕 警察法第61条の2に規定する「一の警察官」は、恒常的に関係都道府県警察に所属する警察官でなくともよい場合がある。

PART2

警察法

解答解説

×〔1〕　同一犯人による広域にわたる重要事件の捜査を、関係都道府県警察がそれぞれ
　　　　　　　　　　　　　　　　　　　　　　　　　　　　　　　　　　　管轄区域
　　　の管轄区域内において相互の連携を図りながら進めるにすぎないときは、警察法
　　　外の権限行使を伴わなくともよい。　　　　　　同一事案を連携して処理する場合である。
　　　第61条の2に規定する「共同して事案を処理する場合」に該当することはない。

○〔2〕　警察法第61条の2に規定する「一の警察官」Aの指揮を受けた警察職員Bは、

　　　Bの所属する都道府県警察の事務を処理することとなる。
　　　ある都道府県警察の警察官が、他の都道府県警察の活動をすることにはならない。

○〔3〕　警察法第61条の2は、関係都道府県警察が同一の地域で活動する場合のほか、
　　　　　　　　　　　　　　　　　　　　　　　　これに限定されない。
　　　管轄区域の境界周辺における事案を処理する場合や、広域組織犯罪等を処理する
　　　「他の都道府県警察の管轄区域に権限を及ぼ」す場合である。　　　同左。条文のとおり
　　　場合にも適用される。
　　　（警察法第61条の2第1項参照）。

○〔4〕　X都道府県警察が、警察法の規定によりY都道府県警察の管轄区域において権
　　　　　　　　　　　　　　　　　　＝管轄区域外の権限行使
　　　限を行使しようとするときは、Y都道府県警察と緊密な連携を保つべき法的義務
　　　　　　　　　　　　　　　　　警察法第61条の2第3項。「……保たなければならない。」
　　　がある。

○〔5〕　警察法第61条の2に規定する「一の警察官」は、恒常的に関係都道府県警察に
　　　　　　　　　　　　　　　　　　　　　　　援助の要求により関係都道府県
　　　所属する警察官でなくともよい場合がある。
　　　警察に派遣されていればよい。

20 警察官の職権行使 20分

関係条文

.... 警察法 ....

（警察官の職権行使）

第64条　第5条第4項第16号に掲げるものに係る事務に関して必要な職務を行う警察庁の警察官は、この法律に特別の定めがある場合を除くほか、当該職務に必要な限度で職権を行うものとする。

2　都道府県警察の警察官は、この法律に特別の定めがある場合を除くほか、当該都道府県警察の管轄区域内において職権を行うものとする。

こんな問題が出る！

次は、特別司法警察職員を列挙したものであるが、誤りはどれか。 3分

〔1〕　消防署長

〔2〕　海上保安官

〔3〕　皇宮護衛官

〔4〕　自衛官のうち部内の秩序維持の職務に専従する者

〔5〕　麻薬取締官

〔解答〕〔1〕

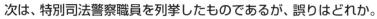

STEP 1

　警察法第64条に関しては、条文そのものというよりも、「警察官が一切の犯罪の捜査に関して職権を行うことができる」点に着目し、「地域・罪種等を限って捜査の権限が与えられている」特別司法警察職員について問われることがある。これにあっては理解は必要なく、承知しておけば足りる。

①特別司法警察職員の例（網羅的ではない。以下同じ）

　　皇宮警察官、刑事施設の職員、麻薬取締官、労働基準監督官、漁業監督官、海上保安官、自衛官のうち部内秩序の職務に専従する者（警務官・警務官補）、森林管理局署職員、鳥獣の保護及び管理並びに狩猟の適正化に関する取締り事務担当の都道府県職員、船長その他の海員

②特別司法警察職員に準ずる者

　　国税庁監察官

STEP 2

　次に掲げる者は、特定の事件・事案についての「調査権限」を持つが、警察官のような、また STEP 1 の①②のような「捜査権限」を持たない。要するに、誤りの選択肢の候補となる。

　収税官吏、公正取引委員会の職員、証券取引等監視委員会の職員、消防長・消防署長、徴税吏員、入国警備官、公安調査官、税関職員

ここに **Focus**

① 警察官は、一切の犯罪の捜査に関して職権を行うことができる。

② 特別司法警察職員には、地域、罪種等を限って捜査の権限が与えられている。

③ 特別司法警察職員が置かれているからといって、その特別司法警察職員が捜査の対象とできる事件について、警察官の捜査権が排除されるものではない。

④ 特別司法警察職員に類似した存在として、捜査権限はないものの、特定の事件・事案についての調査権限を有する職員がいる。

PART 2

警察法

○×問題で復習

Q 〔1〕 刑事施設の職員には、一定の捜査権限がある。

〔2〕 国税庁監察官は、特別司法警察職員に準ずる者とされている。

〔3〕 船長以外の海員にも、一定の捜査権限がある。

〔4〕 消防署長には、捜査権限はない。

〔5〕 公安調査官は、特別司法警察職員である。

解答解説

○〔1〕　刑事施設の職員には、一定の捜査権限がある。
特別司法警察職員である。

○〔2〕　国税庁監察官は、特別司法警察職員に準ずる者とされている。
そのとおりで、これに該当する唯一の職員である。

○〔3〕　船長以外の海員にも、一定の捜査権限がある。
特別司法警察職員である。

○〔4〕　消防署長には、捜査権限はない。
特別司法警察職員ではないため、調査権限のみを持つ。

×〔5〕　公安調査官は、特別司法警察職員である。
特別司法警察職員ではないため、調査権限のみを持つ。

PART 2　警察法

緊急事態の特別措置

関係条文

········· **警察法** ···

（布告）
第71条　内閣総理大臣は、大規模な災害又は騒乱その他の緊急事態に際して、治安の維持のため特に必要があると認めるときは、国家公安委員会の勧告に基き、全国又は一部の区域について緊急事態の布告を発することができる。

2　前項の布告には、その区域、事態の概要及び布告の効力を発する日時を記載しなければならない。

（内閣総理大臣の統制）
第72条　内閣総理大臣は、前条に規定する緊急事態の布告が発せられたときは、本章の定めるところに従い、一時的に警察を統制する。この場合においては、内閣総理大臣は、その緊急事態を収拾するため必要な限度において、長官を直接に指揮監督するものとする。

（長官の命令、指揮等）
第73条　第71条に規定する緊急事態の布告が発せられたときは、長官は布告に記載された区域（以下本条中「布告区域」という。）を管轄する都道府県警察の警視総監又は警察本部長に対し、管区警察局長は布告区域を管轄する府県警察の警察本部長に対し、必要な命令をし、又は指揮をするものとする。

2　第71条に規定する緊急事態の布告が発せられたときは、長官は、布告区域を管轄する都道府県警察以外の都道府県警察に対して、布告区域その他必要な区域に警察官を派遣することを命ずることができる。

3　第71条に規定する緊急事態の布告が発せられたときは、布告区域（前項の規定により布告区域以外の区域に派遣された場合においては、当該区域）に派遣された警察官は、当該区域内のいかなる地域においても職権を行うことができる。

こんな問題が出る！

次は、緊急事態の特別措置に関する記述であるが、誤りはどれか。 （3分）

〔1〕　内閣総理大臣は、一定の緊急事態に際して、治安の維持のため特に必要があると認めるときは、一定の要件の下、緊急事態の布告を発することができる。

〔2〕　警察法第71条に規定する緊急事態の布告が発せられたときは、国家公安委員会及び関係都道府県公安委員会の管理権限は、当該布告の間、全て機能を停止することとなる。

〔3〕　内閣総理大臣は、緊急事態の布告を発したときは、一時的に警察を統制し、警察庁長官を直接に指揮監督できる。

〔4〕　警察庁長官は、警察法第71条に規定する緊急事態の布告が発せられたときは、布告区域を管轄する都道府県警察の長に対し、必要な命令・指揮をすることが可能となる。

〔5〕　警察法第71条に規定する緊急事態の布告は、国家公安委員会の勧告に基づかなければならず、この勧告に基づかない布告は当然に無効である。

〔解答〕〔2〕

STEP **1**　（4分）

　警察法第71条以下に規定する「緊急事態の特別措置」に関しては、1つのテーマとして5の選択肢を用意されるほどの取扱いはされないが、警察法の他の規定に関連する1つの選択肢として出題されることがままある。

　その出題スタイルは、条文の規定そのものを問うものであることがほとんどである。よって、「緊急事態の特別措置」の概要・趣旨を理解した上で、条文を読んでおく。

　「緊急事態の特別措置」の概要・趣旨は、要は、警察組織の一時的な変更措置である。それは、内閣総理大臣による、「緊急事態の布告」によってなされる。

　この緊急事態の布告が発せられると、通常は警察を直接指揮監督できない内閣総理大臣が、緊急事態を収拾するため必

要な限度において、警察を直接指揮監督できるようになる。具体的には、内閣総理大臣が警察庁長官を直接指揮監督できるようになる。

また、この場合、警察庁長官も緊急事態の布告区域を管轄する関係都道府県警察の長（警視総監又は道府県警察本部長）に対し、必要な命令・指揮ができる。

緊急事態の布告は、このように、平常の警察組織の変更を効果とするもの（指揮監督の関係を変更するもの）であって、警察官の職権の内容にも、国民の権利義務にも、立法・司法機関にも何らの影響を及ぼすものではない。

STEP **2** （4分）

上記の概要・趣旨を踏まえて条文を読めば足りるが、公安委員会の在り方について、若干の注意を要する。①内閣総理大臣による緊急事態の布告は、国家公安委員会の勧告に基づかなければならず、この勧告に基づかない布告はそもそも無効である。②緊急事態の布告が発せられると、ⅰ）内閣総理大臣の警察庁長官に対する直接の指揮監督権と、ⅱ）警察庁長官の都道府県警察の長に対する直接の指揮監督権が行使できることとなるから、平常、警察庁・都道府県警察を「管理」する国家公安委員会・都道府県公安委員会の管理権限は、この限りにおいて（ⅰ ⅱに管理権限を及ぼせないという意味において）機能を停止する。③他方、上記②のⅰ ⅱに関係しない＝緊急事態を収拾するため必要でない警察事務については、国家公安委員会・都道府県公安委員会の管理権限は、依然として停止されない。

ここに Focus

❶　警察法第71条に規定する緊急事態の布告を発することができるのは、内閣総理大臣である。

❷　緊急事態の布告を発するためには、国家公安委員会の勧告が絶対的に必要である。

❸　緊急事態の布告は、緊急事態に対処するための警察組織の一時的な変更を効果とするものであり、それは具体的には、警察組織の非常の指揮系統への切替えである。

❹　緊急事態の布告が発せられたときは、内閣総理大臣は、一時的に警察を統制でき、緊急事態を収拾するため必要な限度において、警察庁長官を直接指揮監督できる。

❺　緊急事態の布告が発せられたときは、警察庁長官は、布告区域を管轄する都道府県警察の長（警視総監又は道府県警察本部長）を、直接指揮監督できる。

❻　緊急事態の布告は、❸の効果をもたらすのみであるから、警察官の職権の内容にも、国民の権利義務にも、立法・司法機関にも何らの影響を及ぼすものではない。

❼　緊急事態の布告が発せられたときは、❹❺の直接の指揮監督が行われる範囲の警察事務については、国家公安委員会・都道府県公安委員会の管理権限は、一時的に機能を停止する。

❽　緊急事態を収拾するため必要でない警察事務については、国家公安委員会・都道府県公安委員会の管理権限は、緊急事態の布告が発せられてもなお停止しない。

PART 2
警察法

○×問題で復習

Q 〔1〕 内閣総理大臣は、大規模な災害や騒乱に際して、治安の維持のため特に必要があると認めるときは、国家公安委員会の勧告に基づき、緊急事態の布告を発することができる。

〔2〕 内閣総理大臣は、全国についても、あるいは一部の区域についても、緊急事態の布告を発することができる。

〔3〕 緊急事態の布告が発せられたときは、内閣総理大臣は、布告区域を管轄する都道府県警察の長を、直接に指揮監督する。

〔4〕 緊急事態の布告が発せられたときは、警察庁長官は、関係する警視総監又は道府県警察本部長に必要な命令をすることができる。

〔5〕 緊急事態の布告が発せられたときは、国家公安委員会・都道府県公安委員会の管理権限は、一時的に、かつ、部分的に停止することとなる。

解答解説

○〔1〕　内閣総理大臣は、大規模な災害や騒乱に際して、治安の維持のため特に必要が
　　　　　　　　警察法第71条第1項にある、緊急事態の例示である。
あると認めるときは、国家公安委員会の勧告に基づき、緊急事態の布告を発する

ことができる。

○〔2〕　内閣総理大臣は、全国についても、あるいは一部の区域についても、緊急事態
　　　　　　　　警察法第71条第1項「全国又は一部の区域について」
の布告を発することができる。

×〔3〕　緊急事態の布告が発せられたときは、内閣総理大臣は、布告区域を管轄する都

道府県警察の長を、直接に指揮監督する。
内閣総理大臣が直接指揮監督できるのは、警察庁長官のみである。

○〔4〕　緊急事態の布告が発せられたときは、警察庁長官は、関係する警視総監又は道
　　　　　　　　　　　　　　　　警察法第73条第1項
府県警察本部長に必要な命令をすることができる。
　　　　　「必要な命令をし、又は指揮をするものとする」

○〔5〕　緊急事態の布告が発せられたときは、国家公安委員会・都道府県公安委員会の

管理権限は、一時的に、かつ、部分的に停止することとなる。
　　　布告期間中　　　　完全に・全般的に停止することはない。

22 苦情の申出等 (20分)

関係条文

.... **警察法** ....

（苦情の申出等）

第79条　都道府県警察の職員（第61条の３第４項に規定する都道府県警察の警察官を除く。）の職務執行について苦情がある者は、都道府県公安委員会に対し、国家公安委員会規則で定める手続に従い、文書により苦情の申出をすることができる。

2　第64条第１項に規定する警察庁の警察官及び第61条の３第４項に規定する都道府県警察の警察官の当該職務執行について苦情がある者は、国家公安委員会に対し、国家公安委員会規則で定める手続に従い、文書により苦情の申出をすることができる。

3　都道府県公安委員会又は国家公安委員会は、前２項の申出があつたときは、法令又は条例の規定に基づきこれを誠実に処理し、処理の結果を文書により申出者に通知しなければならない。ただし、次に掲げる場合は、この限りでない。

一　申出が警察の事務の適正な遂行を妨げる目的で行われたと認められるとき。

二　申出者の所在が不明であるとき。

三　申出者が他の者と共同で苦情の申出を行つたと認められる場合において、当該他の者に当該苦情に係る処理の結果を通知したとき。

こんな問題が出る！

次は、苦情の申出等に関する記述であるが、誤りはどれか。

〔1〕　警察法第79条に規定する苦情の申出があったときは、都道府県公安委員会
又は国家公安委員会は、原則として、その処理の結果を文書により申出者に
通知する義務がある。

〔2〕　警察法第79条に規定する苦情の申出の対象となるのは、都道府県警察の職
員及び一定の警察庁警察官の職務執行である。

〔3〕　口頭で行われた苦情、ＦＡＸ・電子メールで送信された苦情は、警察法第
79条に規定する苦情には含まれない。

〔4〕　一般論として具体的な事実を特定しないで行われる申出や、抽象的な提言
は、警察法第79条に規定する苦情には該当しない。

〔5〕　同一人物による同一内容の苦情が反復継続して行われたり、警察活動をけ
ん制・妨害する意図が明らかな苦情が行われたとしても、都道府県公安委員
会又は国家公安委員会は、それを誠実に処理しなければならない。

〔解答〕　〔5〕

・・

STEP **1**

　警察法第79条に規定する「苦情の申出等」に関しては、比
較的平易な条文そのものについて問われることもあれば、条
文の解釈のうち重要なものについて問われることもある。し
かしながら、解釈のうち頻出のものは限られる。

　まず、条文そのものの内容を簡記する。

　警察法第79条に規定する苦情の申出は、①都道府県警察の
職員又は特定の警察庁警察官の職務執行について可能である。
②都道府県公安委員会又は国家公安委員会に対して行うもの
である。③都道府県公安委員会又は国家公安委員会には、苦
情を誠実に処理する義務がある。④都道府県公安委員会又は
国家公安委員会には、処理の結果を文書により申出者に通知
する義務がある（ただし、一定の場合には文書による通知義
務が免除される）。

STEP **2**

　条文の解釈のうち、頻出のものを簡記する。

　①警察法第79条に規定する「苦情」とは、個別具体的なものである必要があるため、ⅰ）一般論として具体的な事実を特定しないで行われる申出、ⅱ）抽象的な提言といったものは、同条に規定する「苦情」には該当しない。

　②警察法第79条に規定する「苦情」は、文書により提出された苦情に限られるところ、ⅰ）口頭で行われた苦情、ⅱ）ＦＡＸ・電子メールで送信された苦情は、同条に規定する「苦情」には該当しない。

　③いわゆる「権利の濫用_{らんよう}」に相当するものは、制度の対象とする必要がないので、ⅰ）同一人による同一内容の苦情が反復継続して行われたり、ⅱ）捜査等の警察活動をけん制・妨害する意図が明らかな苦情が行われるなどしたときは、都道府県公安委員会又は国家公安委員会は、苦情の処理結果の通知義務を負わない（警察法第79条第３項第１号参照）。

ここに **Focus**

（5分）

① 警察法第79条に規定する苦情の申出は、都道府県警察の職員又は特定の警察庁警察官の職務執行について行うものである。

② 警察法第79条に規定する苦情の申出は、都道府県公安委員会又は国家公安委員会に対して行うものである。

③ 苦情の申出を受けた都道府県公安委員会又は国家公安委員会は、ⅰ）当該苦情を誠実に処理する義務と、ⅱ）当該苦情の処理結果を文書により申出者に通知する義務を負うが、一定の場合には、ⅱの義務は免除される。

④ 一般論として具体的な事実を特定しないで行われる申出や、抽象的な提言は、個別具体的な職務執行についての苦情ではないから、警察法第79条に規定する「苦情」には該当しない（＝警察法上、都道府県公安委員会又は国家公安委員会は何らの義務を負わない）。

⑤ 口頭で行われた苦情や、FAX・電子メールで送信された苦情は、警察法第79条に規定する「文書により」の要件を充たさないから、同条に規定する「苦情」には該当しない（＝同前）。

⑥ 同一人物による同一内容の苦情が反復継続して行われたり、警察活動をけん制・妨害する意図が明らかな苦情が行われるなどしたときは、それらは「権利の濫用」に相当するから、都道府県公安委員会又は国家公安委員会は、③ⅱの通知義務を負わない。

○×問題で復習

Q

〔1〕　国の警察行政機関であっても、警察法第79条に規定する苦情の申出制度の対象となることがある。

〔2〕　個別・具体の不適切な勤務態度に対する不満は、警察法第79条に規定する苦情の申出制度の対象となる。

〔3〕　電子メールで、都道府県警察の職員の職務執行について具体的な不服を申し出たとしても、それは警察法第79条に規定する「苦情」には該当しない。

〔4〕　苦情を申し出るべき先は、警察庁や都道府県警察でなく、都道府県公安委員会又は国家公安委員会である。

〔5〕　警職法の規定に基づく職務質問や保護を妨害する意図が明らかな苦情であっても、警察法第79条に規定する「苦情」に該当する。

解答解説

○〔1〕　国の警察行政機関であっても、警察法第79条に規定する苦情の申出制度の対象
　　　　　苦情の申出制度の対象には「警察庁の警察官の……職務執行」がある。
　　　　となることがある。

○〔2〕　個別・具体の不適切な勤務態度に対する不満は、警察法第79条に規定する苦情
　　　　　個別具体的な、「都道府県警察の職員の職務執行」への苦情といえる。
　　　　の申出制度の対象となる。

PART 2　警察法

○〔3〕　電子メールで、都道府県警察の職員の職務執行について具体的な不服を申し出
　　　　　「文書により」の要件を充たさない。　　　　　　　　　内容を判断するまでもない。
　　　　たとしても、それは警察法第79条に規定する「苦情」には該当しない。

○〔4〕　苦情を申し出るべき先は、警察庁や都道府県警察でなく、都道府県公安委員会
　　　　　　　　　　　　警察法上は、「公安委員会に対し」すべきものとされている。
　　　　又は国家公安委員会である。

×〔5〕　警職法の規定に基づく職務質問や保護を妨害する意図が明らかな苦情であって
　　　　　例えば捜査に限定されない。　　　　　　　　　いわゆる「権利の濫用」である。
　　　　も、警察法第79条に規定する「苦情」に該当する。
　　　　　　　　　　　　　　　　　　　　該当せず、通知義務がなくなる。

Part **3**

行政法

23 分限及び懲戒 (25分)

関係条文

········ **地方公務員法** ········

（降任、免職、休職等）

第28条　職員が、次の各号に掲げる場合のいずれかに該当するときは、その意に反して、これを降任し、又は免職することができる。

　　一　人事評価又は勤務の状況を示す事実に照らして、勤務実績がよくない場合

　　二　心身の故障のため、職務の遂行に支障があり、又はこれに堪えない場合

　　三　前二号に規定する場合のほか、その職に必要な適格性を欠く場合

　　四　職制若しくは定数の改廃又は予算の減少により廃職又は過員を生じた場合

2　職員が、次の各号に掲げる場合のいずれかに該当するときは、その意に反して、これを休職することができる。

　　一　心身の故障のため、長期の休養を要する場合

　　二　刑事事件に関し起訴された場合

3・4　（略）

（懲戒）

第29条　職員が次の各号の一に該当する場合においては、これに対し懲戒処分として戒告、減給、停職又は免職の処分をすることができる。

　　一　この法律若しくは第57条に規定する特例を定めた法律又はこれに基く条例、地方公共団体の規則若しくは地方公共団体の機関の定める規程に違反した場合

　　二　職務上の義務に違反し、又は職務を怠つた場合

　　三　全体の奉仕者たるにふさわしくない非行のあつた場合

2〜4　（略）

（適用除外）

第29条の2　次に掲げる職員及びこれに対する処分については、第27条第2項、第28条第1項から第3項まで、第49条第1項及び第2項並びに行政不服審査法（平成26年法律第68号）の規定を適用しない。

　　一　条件附採用期間中の職員

　　二　臨時的に任用された職員

2　（略）

次は、地方公務員の分限及び懲戒に関する記述であるが、誤りはどれか。

〔1〕　分限処分とは、職員の身分保障を前提としつつ、その職責を十分に果たすことができない場合に、職員の意に反する不利益な身分上の変動をもたらす処分をいう。

〔2〕　懲戒処分の1つである停職は、懲罰として職員を職務に従事させない処分であり、停職中は給与の一部しか支給されず、また停職中の期間については退職手当を計算する期間に通算されない。

〔3〕　職員が刑事事件に関して起訴された場合、当該職員をその意に反して休職させることができるが、この処分については、起訴と同時にしなければならないものではなく、起訴の状態が続いている限り、いつでも行える。

〔4〕　懲戒処分は、それが行われることにより完結する行政処分であることから、当該処分を行った処分権者にあっても取消しや撤回を行うことはできず、人事委員会の裁決・決定又は裁判所の判決によってのみ取消しが可能であるところ、これらの機関であっても撤回はできない。

〔5〕　懲戒処分とは、勤務関係の秩序維持のため、公務員の個別の行為に対しその責任を追及し、制裁を科すものである。

〔解答〕〔2〕

STEP 1

頻出ポイントのみに集中して暗記作戦をとる。

まず、分限処分について。

①意義は例題〔1〕のとおりである。②降任・免職の分限処分は、ⅰ）勤務実績が良くない場合や、ⅱ）心身の故障の場合に可能である。③休職の分限処分は、ⅰ）心身の故障の場合と、ⅱ）刑事事件に関し起訴された場合に可能である。④条件附採用期間中の職員と、臨時的に任用された職員には、分限処分の規定が適用されない（以上、条文）。

⑤職員が刑事事件に関し起訴された場合（③ⅱ）、当該職員

を休職処分にするかどうかは、任命権者の自由裁量に委ねられている。⑥職員が刑事事件に関し起訴された場合（同）、当該職員を休職処分にするときは、起訴と同時にしなければならないものではなく、起訴の状態が続いている限り、いつでも行える。⑦職員の行為について、故意又は過失を必要としない。

STEP **2** （5分）

次に、懲戒処分について。

①意義は例題〔5〕のとおりである（分限は「能率」のため、懲戒は「制裁」のためととらえる）。②懲戒処分の種類は「4種類」、懲戒処分が発動される場合は「3の場合」である（条文を読む）。

③懲戒処分の取消し・撤回については、例題〔4〕がそのまま正しい。④停職の場合、懲戒は懲罰・制裁であるから、停職中は給与の全額が支給されず、かつ、停職期間中は退職手当を計算する期間に通算されない（例題〔2〕の「給与の一部」が誤りとなる）。⑤減給は、一定期間、職員の給料の一定割合を減額して支給する処分であり、低額な給料額に決定するものではない。⑥条件附採用期間中の職員と、臨時的に任用された職員であっても、懲戒処分の規定は適用される（分限処分との違い）。⑦職員の行為について、故意又は過失を必要とする（分限処分との違い）。⑧地方公共団体の職員でなくなった場合には、地方公共団体と職員との関係が失われ、内部規律を維持する必要も失われるから、懲戒処分は不可能となる。

頻出ポイントは以上であり、徹底して記憶する。エッセンスは変わらないので、文言の言い換えや合体・組合せがなされても動じないようにする。

ここに **Focus**

（7分）

① イメージとしては、分限処分は「能率」のため、懲戒処分は「制裁」のために行われる処分である。

② 分限処分には「降任」「免職」「休職」の３種類がある。

③ 勤務実績不良、心身の故障、職制改廃・定数改廃・予算減少廃職・予算減少過員（≒リストラ）のいずれかのときは、分限処分のうち「降任」か「免職」をなし得る。

④ 心身の故障、刑事事件の起訴のいずれかのときは、分限処分のうち「休職」をなし得る。

⑤ 刑事事件の起訴の場合に、「休職」を発動するかどうかは、任命権者の自由裁量である（必ずしも休職の処分をしなくともよい）。

⑥ 刑事事件の起訴の場合に、「休職」を発動しようとするときは、起訴と同時にせずともよく、起訴の状態が続いている限りいつでも発動できる。

⑦ 懲戒処分には「戒告」「減給」「停職」「免職」の４種類がある。

⑧ 地方公務員法違反等、義務違反・懈怠、非行のいずれかのときは、⑦のいずれかをなし得る（条文）。

⑨ 懲戒処分を行った処分権者自身でも、懲戒処分の取消し・撤回はできない（人事委員会・裁判所のみが、しかも取消しのみできる）。

⑩ 「停職」の懲戒処分の場合、停職中は給与の全額が支給されない。

⑪ 「減給」の懲戒処分の場合であっても、低額な給料額への変更・決定はされない（給料額はそのままに、その一定割合を差っ引く）。

⑫ 地方公共団体の職員でなくなった者については、懲戒処分はできない（両者の関係が絶え、規律維持の必要性も消えるため）。

⑬ 分限処分は、条件附採用期間中の職員と、臨時的に任用された職員には行えないが、懲戒処分は、これらの職員に対しても行える。

⑭ 分限処分は、職員の故意又は過失を必要としないが、懲戒処分は必要とする。

PART3 行政法

○×問題で復習

Q 〔1〕 職員が刑事事件に関し起訴された場合、任命権者は、実際の犯罪の成否や身柄拘束の有無にかかわらず、当該職員に休職の分限処分をすることが可能である。

〔2〕 職員に停職の懲戒処分が行われた場合、停職中は、当該職員に対し給与の全額が支払われない。

〔3〕 免職の分限処分をされた職員が、在職中に懲戒処分の対象となる行為を行っていたことが判明したときは、免職の分限処分を取り消し、さかのぼって懲戒免職処分をすることが可能である。

〔4〕 心身の故障のため職務の遂行に支障がある者には免職の分限処分をすることができるが、予算が減少したため過員が生じているという理由だけで免職の分限処分をすることはできない。

〔5〕 分限処分の規定は条件附採用期間中の職員及び臨時的に任用された職員には適用されないが、懲戒処分の規定はこれらの者にも適用される。

解答解説

○〔1〕　職員が刑事事件に関し起訴された場合、任命権者は、実際の犯罪の成否や身柄
　　　　　　　　　　　　　　　　　　　　法律上の要件は、「刑事事件
拘束の有無にかかわらず、当該職員に休職の分限処分をすることが可能である。
に関し起訴された」ことのみである。　　起訴の場合、休職の一択となる。

○〔2〕　職員に停職の懲戒処分が行われた場合、停職中は、当該職員に対し給与の全額
　　　　　　　　　　　　　　　　　　　　　　　　　　　　　懲戒は「懲
が支払われない。
罰」「制裁」の意味を持ち、よって停職はいわば「謹慎」の意味を持つ。

×〔3〕　免職の分限処分をされた職員が、在職中に懲戒処分の対象となる行為を行って
　　　　　既に職員でなくなっている。
いたことが判明したときは、免職の分限処分を取り消し、さかのぼって懲戒免職
　　　　　　　　　　　　　　　　　　　　　　　　職員でなくなった者には
処分をすることが可能である。
懲戒処分ができない。

○〔4〕　心身の故障のため職務の遂行に支障がある者には免職の分限処分をすることが

できるが、予算が減少したため過員が生じているという理由だけで免職の分限処
　　　　　　　　　降任・免職の分限処分は、いわゆるリストラの場合も可能。
分をすることはできない。

○〔5〕　分限処分の規定は条件附採用期間中の職員及び臨時的に任用された職員には適

用されないが、懲戒処分の規定はこれらの者にも適用される。
　　　　　　　　　条文上明らかである（懲戒の場合、除外規定がない）。

24 国家賠償法 ⏱35分

関係条文

国家賠償法

第1条 国又は公共団体の公権力の行使に当る公務員が、その職務を行うについて、故意又は過失によつて違法に他人に損害を加えたときは、国又は公共団体が、これを賠償する責に任ずる。

② 前項の場合において、公務員に故意又は重大な過失があつたときは、国又は公共団体は、その公務員に対して求償権を有する。

第2条 道路、河川その他の公の営造物の設置又は管理に瑕疵があつたために他人に損害を生じたときは、国又は公共団体は、これを賠償する責に任ずる。

② 前項の場合において、他に損害の原因について責に任ずべき者があるときは、国又は公共団体は、これに対して求償権を有する。

第3条 前2条の規定によつて国又は公共団体が損害を賠償する責に任ずる場合において、公務員の選任若しくは監督又は公の営造物の設置若しくは管理に当る者と公務員の俸給、給与その他の費用又は公の営造物の設置若しくは管理の費用を負担する者とが異なるときは、費用を負担する者もまた、その損害を賠償する責に任ずる。

② 前項の場合において、損害を賠償した者は、内部関係でその損害を賠償する責任ある者に対して求償権を有する。

第4条 国又は公共団体の損害賠償の責任については、前3条の規定によるの外、民法の規定による。

第5条 国又は公共団体の損害賠償の責任について民法以外の他の法律に別段の定があるときは、その定めるところによる。

第6条 この法律は、外国人が被害者である場合には、相互の保証があるときに限り、これを適用する。

こんな問題が出る！

次は、国家賠償法に関する記述であるが、誤りはどれか。

〔1〕　国家賠償法第1条第1項に規定する「公権力の行使」とは、国又は公共団体の活動のうち、私人と同様の立場で行う活動や、同法第2条の規定により救済される作用を除く全ての活動をいい、逮捕、捜索等の権力的作用のほか、行政指導もこれに含まれる。

〔2〕　国又は公共団体が国家賠償法の規定に基づき損害賠償責任を負う関係は、実質上、民法上の不法行為により損害を賠償すべき関係と性質を同じくするものであるから、国家賠償法の規定に基づく損害賠償請求権は、私法上の金銭債権であって、公法上の金銭債権ではない。

〔3〕　国家賠償法第1条第1項に規定する損害賠償責任は、公務員が「違法に」損害を加えたことが要件とされているところ、ここにいう「違法」とは、法令の明文の規定に違反した場合に限られ、権限を濫用した場合や、習慣・条理・健全な社会通念等に照らし客観的な正当性を欠いた場合は含まれない。

〔4〕　道路、河川その他の公の営造物の設置又は管理に「瑕疵」があったため他人に損害が生じたときは、国又は公共団体は損害賠償責任を負うが、ここにいう「瑕疵」とは、そのような営造物が通常有すべき安全性を欠き、他人に危害を及ぼす危険性がある状態をいう。

〔5〕　国家賠償法は民法の特別法であるから、国又は公共団体の損害賠償責任については、まず同法第1条ないし第3条が適用され、民法の規定は補充的に適用されるが、同法に規定のない部分については、民法の規定が適用される。

〔解答〕〔3〕

PART3　行政法

. . . .

STEP 1

頻出ポイントのみに集中して暗記作戦をとる。

まず、例題について。

①国・公共団体の賠償責任については、民法の特別法である国家賠償法が適用される。②同法が定めていない部分には、民法が適用される（第4条条文）。

③国家賠償法の規定による損害賠償請求権は、私法上の金

銭債権である（＝公法上の債権ではない）。

④市民が損害賠償を請求できる「公権力の行使」とは、ⅰ）私人と同様の立場で行う活動と、ⅱ）国家賠償法第2条で救済される作用を除く、全ての活動をいい、権力的な作用も非権力的な作用もこれに含まれる。⑤市民が損害賠償を請求できる「違法に」損害を加えたときとは、職務上尽くすべき法的義務に違反したことをいうが、これは法令の明文に違反した場合のみならず、Ａ：権限を濫用した場合も、Ｂ：慣習・条理・健全な社会通念等に照らし客観的な正当性を欠く場合も含む。

⑥国家賠償法第2条は「無過失責任」を定めた規定であるから、公の営造物に「瑕疵」（キズ）＝通常有すべき安全性を欠き、他人に危害を及ぼす危険性がありさえすれば、損害賠償を請求し得る（国・公共団体の過失は必要ない）。

STEP 2 10分

次に、例題以外の頻出ポイントについて。

①国家賠償法の規定に基づき市民が損害賠償を請求するためには、公務員の職務行為と発生した損害との間に「（相当）因果関係」があることを要する（損害発生のみでは足りない）。

②国家賠償法に規定する「公務員」には、公務員の身分を有する者のほか、非常勤職員、業務受託者といった、公権力の行使を委ねられた民間人が含まれる。

③国家賠償法の規定に基づく賠償責任は、国・公共団体が被害者に対して（公務員に代位して＝代わって）負うものであり、公務員個人は、被害者に対する賠償責任を負わない（いわゆる代位責任説・最高裁の立場）。④公務員個人は、故意又は「重過失」があるとき、国・公共団体に責任を負い、国・公共団体から「求償権」を行使され得る（＝代わって支払った分を請求され得る）。⑤公務員個人は、軽過失しかないときは、被害者にも国・公共団体にも責任を負わない。

⑥公務員が「その職務を行うについて」損害を加えるとは

（第1条）、ⅰ）職務権限に属する行為を行う場合はもとより、ⅱ）職務内容と密接に関連し職務行為に付随してなされる行為を行う場合、ⅲ）客観的・外形的に見て、社会通念上（常識上）職務行為に含まれる行為を行う場合を、広く含む。

⑦公務員が「違法に」損害を加えるとは、職務行為の時点で職務上尽くすべき注意義務を尽くしていなかった旨をいい、職務行為の時点でそのような注意義務を尽くしていさえすれば、事後的に、結果として誤りがあったとされても、直ちに「違法」とはならない（例えば、逮捕時に注意義務を尽くしていれば、事後的に被疑者が無罪となっても、関係公務員の行為が「違法」と断じられるわけではない）。

⑧国家賠償法の規定に基づき賠償される「損害」には、精神的損害が当然に含まれる（いわゆる慰謝料）。

⑨国家賠償法第2条に規定する「公の営造物」とは、広く公の目的に供せられる物的施設を指称し、建物・土地の定着物に限られず、また、一時的なものであるか借り入れたものであるかどうかを問わない（よって信号機、標識、警察庁舎、看板・パネル、警察用車両、拳銃・拳銃保管庫、警察犬等が広く含まれる）。

⑩国家賠償法第3条の規定により、例えば公務員の指揮監督をする国・公共団体と、公務員の給与を負担する国・公共団体が異なるときは、両者は連帯して損害賠償責任を負うこととなるが（条文の内容そのまま）、警察に関してこの規定が典型的に適用されるのは、いわゆる「援助の要求」によりA県の警察官がB県に派遣されたときと、「地方警務官制度」によりA県の警察官が自県で警視正になったときである。前者は、A県の費用負担＋B県の指揮監督、後者は、国の費用負担＋A県の指揮監督となり、もし派遣された警察官や警視正が市民に損害を加えたときは、関係する国・公共団体が全て連帯して損害賠償責任を負うこととなる。

⑪国家賠償法第6条の規定そのままに、公務員による損害を受けた者が外国人であるときは、当該外国人は無条件に国

家賠償法の適用を求めることができるわけではなく、当該外国人の本国もまた我が国同様の国家賠償制度を設けている＝「相互の保障がある」ときに限って、国家賠償法の適用を求め得る（日本と同様のシステムを作っていなければ、日本のシステムによっては救済されない）。

ここに Focus

❶　国・公共団体の賠償責任については、国家賠償法が（優先的に）適用され、同法に定めのない部分については、民法が適用される。

❷　国家賠償法の規定による損害賠償請求権は、私法上の金銭債権である。なお、精神的損害（いわゆる慰謝料）の請求権が当然に含まれる。

❸　国家賠償法に規定する「公務員」には、公務員の身分を有する者のほか、非常勤職員、業務受託者といった、公権力の行使を委ねられた民間人が含まれる。

❹　国家賠償法の規定に基づく賠償責任は、国・公共団体が、被害者に対して、公務員に代位して負うものであり、公務員個人は、被害者に対する賠償責任を負わない。ただし、公務員個人は、故意又は重過失があるときは、国・公共団体に対して民事責任を負い、これらが代位して支払った損害賠償を求償され得る（よって、公務員個人に軽過失しかないときは、公務員は民事責任を負わないこととなる）。

❺　市民が損害賠償を請求できる「公権力の行使」とは、権力的な作用も非権力的な作用も含むことから、強制活動はもとより、任意活動、広報、行政指導といった活動も広く「公権力の行使」に含まれる。

❻　市民が損害賠償を請求できる「違法に」損害を加えたときとは、「職務上尽くすべき法的義務に違反したこと」をいうが、これは、法令の明文に違反した場合はもとより、ⅰ）権限を濫用した場合、ⅱ）慣習・条理・健全な社会通念等に照らし客観的な正当性を欠く場合も含む概念である。なお、「違法」の評価が行われる時点は、実際の職務行為の時点であり、実際の職務行為の時点で誤りがなく適法と判断されれば、事後的に、結果として誤りであったと判断されても「違法」とはならない。

PART 3

行政法

⑦　市民が損害賠償を請求できる、公務員が「その職務を行うについて」損害を加えるとは、公務員が、ⅰ）職務権限に属する行為を行う場合はもとより、ⅱ）職務内容と密接に関連し職務行為に付随してなされる行為を行う場合、ⅲ）客観的・外形的に見て、社会通念上職務行為に含まれる行為を行う場合を、広く含む（よって、非番の警察官が制服を着用して犯罪を行ったときは、本来的職務でないのは当然ながら、ⅲの考え方により「その職務を行うについて」と判断され、国家賠償請求の対象となり得る）。

⑧　国家賠償法の規定に基づき市民が損害賠償を請求するためには、公務員の職務行為と発生した損害との間に「（相当）因果関係」があることを要し、現実の損害発生のみでは足りない（この場合に必要とされる因果関係のことを、法学上、相当因果関係と呼ぶ）。

⑨　国家賠償法第2条に規定する「公の営造物」とは、広く公の目的に供せられる物的施設を指し、建物・土地の定着物に限られず、また、一時的なものであるか借り入れたものであるかどうかを問わない（例えば警ら用無線自動車、一時的に設置される受傷事故・交通事故防止器材等もこれに含まれる）。

⑩　国家賠償法第2条は「無過失責任」を定めた規定であるから、公の営造物に「瑕疵」（キズ）＝通常有すべき安全性を欠き、他人に危害を及ぼす危険性がありさえすれば、市民は損害賠償を請求し得る（国・公共団体の過失は必要ない）。

⑪　国家賠償法第3条の規定による複数公共団体等の連帯責任が発生するのは、警察において典型的な例を挙げれば、「援助の要求」の場合と「地方警務官」の場合である（＝指揮監督者と給与等の負担者が異なるから）。

⑫　外国人は、無条件に国家賠償法の適用を受けられるわけではない。

○×問題で復習

Q 〔1〕 公務員の職務行為が違法であり、現実に損害が発生している場合、当該職務行為と当該損害の間に相当因果関係がないときは、国家賠償責任は認められない。

〔2〕 国家賠償法にいう「公務員」とは、国家公務員又は地方公務員の身分を有している者のみに限定されない。

〔3〕 国家賠償法第1条に規定する「公権力の行使」とは、いわゆる強制活動のみならず、行政指導等の非権力的作用を含む。

〔4〕 公権力の行使に当たる公務員が、その職務を行うについて、違法に他人に損害を与えた場合であっても、当該公務員個人が民事上の責任を問われることはない。

〔5〕 国家賠償法第2条の規定による賠償責任については、同法第1条の規定による賠償責任とは異なり、国又は公共団体に過失があることは要件とされていない。

解答解説

○〔1〕　公務員の職務行為が違法であり、現実に損害が発生している場合、当該職務行

　　　　　　　　１つの要件にすぎない。　　１つの要件にすぎない。

　　　　為と当該損害の間に相当因果関係がないときは、国家賠償責任は認められない。

　　　　　　　　相当因果関係は必要不可欠の要件である。

○〔2〕　国家賠償法にいう「公務員」とは、国家公務員又は地方公務員の身分を有して

　　　　　　　　　　　　市民に損害を与える＝責任を発生させるのが誰かという問題。

　　　　いる者のみに限定されない。

　　　　　　　非常勤職員や、業務受託者といった民間人を広く含む。

○〔3〕　国家賠償法第１条に規定する「公権力の行使」とは、いわゆる強制活動のみな

　　　　　　　　　　　　　　損害を与える行為は何かという問題。

　　　　らず、行政指導等の非権力的作用を含む。

　　　　　　　刑訴法・警職法等の権限行使以外の、非権力的活動を含む。

×〔4〕　公権力の行使に当たる公務員が、その職務を行うについて、違法に他人に損害

　　　　を与えた場合であっても、当該公務員個人が民事上の責任を問われることはない。

　　　故意・重過失があるときは、国・公共団体に対して民事責任を負い、「求償権」を行使され得る。

○〔5〕　国家賠償法第２条の規定による賠償責任については、同法第１条の規定による

　　　　　　　　第２条の特色は「無過失責任」である。

　　　　賠償責任とは異なり、国又は公共団体に過失があることが要件とはされていない。

　　　　　　　　　第１条は公務員の故意又は過失を要するが、第２条は要しない。

25 行政不服申立て

関係条文

········· 行政不服審査法 ·········

（処分についての審査請求）
第2条　行政庁の処分に不服がある者は、第4条及び第5条第2項の定めるところにより、審査請求をすることができる。
（不作為についての審査請求）
第3条　法令に基づき行政庁に対して処分についての申請をした者は、当該申請から相当の期間が経過したにもかかわらず、行政庁の不作為（法令に基づく申請に対して何らの処分をもしないことをいう。以下同じ。）がある場合には、次条の定めるところにより、当該不作為についての審査請求をすることができる。
（審査請求をすべき行政庁）
第4条　審査請求は、法律（条例に基づく処分については、条例）に特別の定めがある場合を除くほか、次の各号に掲げる場合の区分に応じ、当該各号に定める行政庁に対してするものとする。
　一　処分庁等（処分をした行政庁（以下「処分庁」という。）又は不作為に係る行政庁（以下「不作為庁」という。）をいう。以下同じ。）に上級行政庁がない場合又は処分庁等が主任の大臣若しくは宮内庁長官若しくは内閣府設置法（平成11年法律第89号）第49条第1項若しくは第2項若しくは国家行政組織法（昭和23年法律第120号）第3条第2項に規定する庁の長である場合　当該処分庁等
　二　宮内庁長官又は内閣府設置法第49条第1項若しくは第2項若しくは国家行政組織法第3条第2項に規定する庁の長が処分庁等の上級行政庁である場合　宮内庁長官又は当該庁の長
　三　主任の大臣が処分庁等の上級行政庁である場合（前2号に掲げる場合を除く。）当該主任の大臣
　四　前三号に掲げる場合以外の場合　当該処分庁等の最上級行政庁
（適用除外）
第7条　次に掲げる処分及びその不作為については、第2条及び第3条の規定は、適用しない。
　一　国会の両院若しくは一院又は議会の議決によってされる処分
　二　裁判所若しくは裁判官の裁判により、又は裁判の執行としてされる処分
　三　国会の両院若しくは一院若しくは議会の議決を経て、又はこれらの同意若しくは

承認を得た上でされるべきものとされている処分

四　検査官会議で決すべきものとされている処分

五　当事者間の法律関係を確認し、又は形成する処分で、法令の規定により当該処分に関する訴えにおいてその法律関係の当事者の一方を被告とすべきものと定められているもの

六　刑事事件に関する法令に基づいて検察官、検察事務官又は司法警察職員がする処分

七　国税又は地方税の犯則事件に関する法令（他の法令において準用する場合を含む。）に基づいて国税庁長官、国税局長、税務署長、国税庁、国税局若しくは税務署の当該職員、税関長、税関職員又は徴税吏員（他の法令の規定に基づいてこれらの職員の職務を行う者を含む。）がする処分及び金融商品取引の犯則事件に関する法令（他の法令において準用する場合を含む。）に基づいて証券取引等監視委員会、その職員（当該法令においてその職員とみなされる者を含む。）、財務局長又は財務支局長がする処分

八　学校、講習所、訓練所又は研修所において、教育、講習、訓練又は研修の目的を達成するために、学生、生徒、児童若しくは幼児若しくはこれらの保護者、講習生、訓練生又は研修生に対してされる処分

九　刑務所、少年刑務所、拘置所、留置施設、海上保安留置施設、少年院、少年鑑別所又は婦人補導院において、収容の目的を達成するためにされる処分

十　外国人の出入国又は帰化に関する処分

十一　専ら人の学識技能に関する試験又は検定の結果についての処分

十二　この法律に基づく処分（第5章第1節第1款の規定に基づく処分を除く。）

2　（略）

（審査請求期間）

第18条　処分についての審査請求は、処分があったことを知った日の翌日から起算して3月（当該処分について再調査の請求をしたときは、当該再調査の請求についての決定があったことを知った日の翌日から起算して1月）を経過したときは、することができない。ただし、正当な理由があるときは、この限りでない。

2　処分についての審査請求は、処分（当該処分について再調査の請求をしたときは、当該再調査の請求についての決定）があった日の翌日から起算して1年を経過したときは、することができない。ただし、正当な理由があるときは、この限りでない。

3　（略）

（誤った教示をした場合の救済）

第22条　審査請求をすることができる処分につき、処分庁が誤って審査請求をすべき行政庁でない行政庁を審査請求をすべき行政庁として教示した場合において、その教示された行政庁に書面で審査請求がされたときは、当該行政庁は、速やかに、審査請求書を処分庁又は審査庁となるべき行政庁に送付し、かつ、その旨を審査請求人に通知しなければならない。

2　前項の規定により処分庁に審査請求書が送付されたときは、処分庁は、速やかに、こ

れを審査庁となるべき行政庁に送付し、かつ、その旨を審査請求人に通知しなければならない。

3　第1項の処分のうち、再調査の請求をすることができない処分につき、処分庁が誤って再調査の請求をすることができる旨を教示した場合において、当該処分庁に再調査の請求がされたときは、処分庁は、速やかに、再調査の請求書（第61条において読み替えて準用する第19条に規定する再調査の請求書をいう。以下この条において同じ。）又は再調査の請求録取書（第61条において準用する第20条後段の規定により陳述の内容を録取した書面をいう。以下この条において同じ。）を審査庁となるべき行政庁に送付し、かつ、その旨を再調査の請求人に通知しなければならない。

4　再調査の請求をすることができる処分につき、処分庁が誤って審査請求をすることができる旨を教示しなかった場合において、当該処分庁に再調査の請求がされた場合であって、再調査の請求人から申立てがあったときは、処分庁は、速やかに、再調査の請求書又は再調査の請求録取書及び関係書類その他の物件を審査庁となるべき行政庁に送付しなければならない。この場合において、その送付を受けた行政庁は、速やかに、その旨を再調査の請求人及び第61条において読み替えて準用する第13条第1項又は第2項の規定により当該再調査の請求に参加する者に通知しなければならない。

5　前各項の規定により審査請求書又は再調査の請求書若しくは再調査の請求録取書が審査庁となるべき行政庁に送付されたときは、初めから審査庁となるべき行政庁に審査請求がされたものとみなす。

次は、行政不服申立てに関する記述であるが、誤りはどれか。

〔1〕　行政不服審査法の規定に基づく不服申立ての対象となるのは、行政庁の行政処分と、行政庁の「その他公権力の行使に当たる行為」である。

〔2〕　行政不服審査法の規定に基づく不服申立ては、原則として、処分をした機関に指揮命令権を有する最上位の上級行政庁に対して行う。

〔3〕　行政不服審査法の規定に基づく不服申立ては、原則として、処分があったことを知った日の翌日から起算して3か月以内に行わなければならないが、不作為に対する不服申立てには、そのような制限はない。

〔4〕　都道府県公安委員会は、知事の所轄の下にある機関であるから、都道府県警察の事務に関する不服申立ては、上級行政庁である都道府県知事に対して行うこととなる。

〔5〕　行政機関が誤った不服申立先・不服申立期間を教示してしまったときは、当該誤った教示に従ってなされた不服申立ては、適法なものとして扱われることとなる。

〔解答〕　〔4〕

STEP **1**

　全般的な理解は困難であるから、必要最小限のポイントを押さえておく。まずは、制度の概要について理解する。

　「行政不服申立て」とは、行政機関の違法・不当な行為があるとき、市民が裁判所にではなく、行政機関に違法・不当な状態の解消を求めることである。裁判所に救済を求めるのに比し、中立性・慎重さの面では不利だが、簡便性・迅速性に優れ、また安価であるところにメリットがある。

　その行政不服申立てについて規定した一般法が、「行政不服審査法」である。これにより、国民は行政機関から、権利利益救済のため必要な事項の「教示」を受けることができたり、行政機関の「どのような行為」について、「どのような手続」により、「どのような機関」によって「どのような救済」

が受けられるのかを知り、実際に不服申立てを行うことができる。要は、行政不服申立ては裁判ではないが、裁判類似の争訟システムであり、被害者たる国民と、加害者と思しき行政機関との間の、紛争処理・解決のルールを定めるものである（それを一般的に規定したのが行政不服審査法であるが、個別具体の法令によって別の定めがある例も多い）。

　念のため、国家賠償法の規定に基づく国賠請求は、まさに裁判所の裁判を求めるものであることに留意する。

STEP 2 7分

　次に、制度の概要を受けた具体論について。

　不服申立ての対象となるのは、行政庁による「処分」と「その他公権力の行使に当たる行為」である（行政庁については、処分等ができる権限がある者、といったイメージでよい）。うち「処分」とは、国民の権利・義務を変動させる行政行為である。よって権利・義務を変動させない任意活動、対等当事者間の契約、行政内部の命令等は「処分」に含まれない。また「処分」は具体的な個々人を対象とするものであるから、不特定多数の者に対し一般的に義務を課しても「処分」ではない。加えて、イメージとして、即座に／瞬時に法的な効果が消滅する行為（例えば、一時的かつ強制的な避難等の措置）は、それを争う意味がすぐになくなるため、結果的に不服申立てはできない。

　「その他公権力の行使に当たる行為」には、警職法の章で学んだ「即時強制」がある。

　行政不服審査法の規定に基づく不服申立先は、原則として処分等を行った行政庁の、最上位の上級行政庁である。都道府県警察の警察事務の場合は、都道府県公安委員会がこれに当たる（都道府県知事が指揮監督権を持たないため）。

　不服申立期間は、原則として、処分等があったことを知った日の翌日から起算して3か月以内であるが、行政庁の不作為についての不服申立てには、このような制限はない（不作

PART 3 行政法

為が継続する限り、常に不服申立てができる)。

　警察に関し大きな注意をすべき点は、「適用除外」である。例えば、刑事事件に関する各種法令の規定に基づいて警察官がする処分は、行政庁による処分ではあるが、刑事訴訟法等、その分野に対応した適切な法令の手続によって不服が処理されることとなっているため、行政不服審査法の規定に基づく不服申立ての対象とはならない。

　その他の具体論は、警察実務に直結したものが多いため、過去問の選択肢から学ぶ。ここにFocus で述べる。

ここに **Focus**

警察実務に直結したもののみを列挙する。

① 留置施設における留置業務管理者の措置に関しては、刑事施設収用法により、特別の不服申立制度（審査の申請等）が設けられている。

② 職務質問、所持品検査等の任意活動、警察内部の命令にあっては、処分ではない。

③ 例えば、警職法第4条の規定による避難等の措置命令は、法的な効果が継続しない処分であることから、結果として不服申立てはできない。

④ 例えば、交通規制のような不特定多数の者に対する一般処分は、個々人を対象としたものではないから、不服申立てはできない。

⑤ 例えば、警職法第5条の規定による犯罪の制止は、効果の継続しない事実行為であることから、結果として不服申立てはできない。

⑥ 違法駐車車両の保管は、「その他公権力の行使に当たる行為」に該当し、不服申立ての対象となる。

⑦ 継続的な効果を生じさせる「即時強制」は、「その他公権力の行使に当たる行為」に該当し、不服申立ての対象となる。

⑧ 刑事訴訟法の規定に基づき警察官が実施する逮捕、押収等の処分は、別途不服申立ての方法が定められているため、行政不服審査法の規定に基づく不服申立ての対象とはならない（同法第7条第1項第6号）。

⑨ 警察学校における教育上の処分について、行政不服審査法の規定に基づく不服申立てはできない（同法第7条第1項第8号）。

⑩ 営業停止処分について、停止期間が経過したときは、依然として処分による不利益が継続している場合を除き、不服申立てができなくなる。

⑪ 警察官が裁判官の指揮を受けて行った、少年に対する同行状の執行については、行政不服審査法の規定に基づく不服申立ての対象とはならない（同法第7条第1項第2号）。

⑫ 暴対法の規定に基づき都道府県公安委員会が行った指定暴力団としての指定に不服がある者は、当該都道府県公安委員会でなく、国家公安委員会に対し不服申立てをすることができる（暴対法第37条。行政不服審査法に対する特別法）。

⑬ 都道府県公安委員会には上級行政庁が存在しないから、都道府県警察の事務に対する不服申立ては、全て、都道府県公安委員会に対して行うこととなる。

○×問題で復習

〔1〕 警察署長が道路交通法の規定に基づいて行う不特定多数の者に対する通行禁止の処分は、行政不服審査法の規定に基づく不服申立ての対象となる。

〔2〕 司法警察職員による逮捕の処分に不服があっても、行政不服審査法の規定に基づく不服申立てをすることはできない。

〔3〕 職務質問の実施に不服がある者が、行政不服審査法の規定に基づく不服申立てを行うことはできない。

〔4〕 法律的な効果が継続しない処分や、効果が継続しない事実行為は、行政不服審査法の規定に基づく不服申立ての対象とはならない。

〔5〕 暴対法の規定に基づき都道府県公安委員会が行った指定暴力団としての指定については、暴対法の規定に基づく不服申立てをすることができる。

解答解説

× 〔1〕　警察署長が道路交通法の規定に基づいて行う<u>不特定多数の者に対する通行禁止</u>

　　　　　　　　　　　　　　　　　　　　　個別具体的な「処分」に当たらない。

　　　の処分は、行政不服審査法の規定に基づく不服申立ての対象となる。

　　　　　　　　　　　　　　　　　　　処分性がないので、対象とならない。

○ 〔2〕　司法警察職員による逮捕の処分に不服があっても、行政不服審査法の規定に基

　　　　　　　　　　　　　刑事訴訟に関する法令に基づいてする処分である。

　　　づく不服申立てをすることは<u>できない</u>。

　　　　　　　　　　　　　　明文で適用除外とされている。

○ 〔3〕　職務質問の実施に不服がある者が、行政不服審査法の規定に基づく不服申立て

　　　　　　　　　　権利義務を変動させない任意活動である。

　　　を行うことはできない。

　　　　　　　　　　権利義務を変動させないから処分性を欠く。

○ 〔4〕　法律的な<u>効果が継続しない処分</u>や、<u>効果が継続しない</u>事実行為は、行政不服審

　　　　　　　　　　一時的性格しかない。　　　　　一時的性格しかない。

　　　査法の規定に基づく不服申立ての対象とはならない。

　　　　　　　　　　　　　　　　既に救済すべき利益を欠く。

○ 〔5〕　暴対法の規定に基づき都道府県公安委員会が行った指定暴力団としての指定に

　　　ついては、<u>暴対法の規定に基づく不服申立て</u>をすることができる。

　　　　　　　　　条文のとおり。特別法による不服申立てとなる。

地方公務員法

30分

関係条文

········· **地方公務員法** ·········

（服務の宣誓）
第31条　職員は、条例の定めるところにより、服務の宣誓をしなければならない。
（法令等及び上司の職務上の命令に従う義務）
第32条　職員は、その職務を遂行するに当つて、法令、条例、地方公共団体の規則及び地方公共団体の機関の定める規程に従い、且つ、上司の職務上の命令に忠実に従わなければならない。
（信用失墜行為の禁止）
第33条　職員は、その職の信用を傷つけ、又は職員の職全体の不名誉となるような行為をしてはならない。
（秘密を守る義務）
第34条　職員は、職務上知り得た秘密を漏らしてはならない。その職を退いた後も、また、同様とする。
2　法令による証人、鑑定人等となり、職務上の秘密に属する事項を発表する場合においては、任命権者（退職者については、その退職した職又はこれに相当する職に係る任命権者）の許可を受けなければならない。
3　前項の許可は、法律に特別の定がある場合を除く外、拒むことができない。
（職務に専念する義務）
第35条　職員は、法律又は条例に特別の定がある場合を除く外、その勤務時間及び職務上の注意力のすべてをその職責遂行のために用い、当該地方公共団体がなすべき責を有する職務にのみ従事しなければならない。
（政治的行為の制限）
第36条　職員は、政党その他の政治的団体の結成に関与し、若しくはこれらの団体の役員となつてはならず、又はこれらの団体の構成員となるように、若しくはならないように勧誘運動をしてはならない。
2〜5　（略）
（争議行為等の禁止）
第37条　職員は、地方公共団体の機関が代表する使用者としての住民に対して同盟罷業、怠業その他の争議行為をし、又は地方公共団体の機関の活動能率を低下させる怠業的行為をしてはならない。又、何人も、このような違法な行為を企て、又はその遂行を

　共謀し、そそのかし、若しくはあおつてはならない。

2　（略）

（営利企業への従事等の制限）

第38条　職員は、任命権者の許可を受けなければ、商業、工業又は金融業その他営利を目的とする私企業（以下この項及び次条第1項において「営利企業」という。）を営むことを目的とする会社その他の団体の役員その他人事委員会規則（人事委員会を置かない地方公共団体においては、地方公共団体の規則）で定める地位を兼ね、若しくは自ら営利企業を営み、又は報酬を得ていかなる事業若しくは事務にも従事してはならない。ただし、非常勤職員（短時間勤務の職を占める職員及び第22条の2第1項第2号に掲げる職員を除く。）については、この限りでない。

2　（略）

（職員団体）

第52条　この法律において「職員団体」とは、職員がその勤務条件の維持改善を図ることを目的として組織する団体又はその連合体をいう。

2〜4　（略）

5　警察職員及び消防職員は、職員の勤務条件の維持改善を図ることを目的とし、かつ、地方公共団体の当局と交渉する団体を結成し、又はこれに加入してはならない。

PART3　行政法

次は、地方公務員法に関する記述であるが、誤りはどれか。

〔1〕 職員は、その職務を遂行するに当たって、上司の職務上の命令に忠実に従わなければならない義務を負うが、職務上の指揮監督権を有する上司による職務に関する命令であれば、当該命令が重大明白に違法と考えられる場合でも、当該命令に従わなければならない。

〔2〕 職員は、職務上知り得た秘密を漏らしてはならない義務を負い、退職した職員がこれに違反して秘密を漏らしたときは、現職の職員が秘密を漏らした場合と同様、刑事罰が科せられる。

〔3〕 職員は、その職の信用を傷つけ、又は職員の職全体の不名誉となるような行為をしてはならない義務を負い、これに違反したときは、懲戒処分の対象となり得るが、刑事罰の対象にはならない。

〔4〕 警察職員は、職務上高い規律が求められることから、争議権、団体交渉権はもとより、団結権も認められていない。

〔5〕 職員は、原則として、営利活動に従事しようとするときは、その従事しようとする時間が勤務時間外であるかどうか、また従事しようとする期間が休職中であるかどうかを問わず、任命権者の許可を受けなければならない。

〔解答〕〔1〕

STEP 1

　地方公務員法については、地方公務員たる警察職員がどのような義務を負うか＝「服務」についての問いが頻出である。まず同法に規定する職員の義務を理解する。

　①服務の宣誓をする義務。②法令等及び上司の職務上の命令に従う義務。③信用失墜行為をしてはならない義務。④秘密を守る義務（守秘義務）。⑤職務に専念する義務。⑥一定の政治的行為をしてはならない義務。⑦争議行為（いわゆるストライキ・サボタージュ等）をしてはならない義務。⑧原則として営利企業等に従事してはならない義務。

　なお、⑨警察職員にあっては、職員団体を結成等してはな

らない義務（イメージとしては、労働組合を結成してはならない義務）も課せられる。

　①〜⑨の義務そのものは理解に難くないが、具体的な解釈・運用までが問われるため、典型的で頻出の論点を押さえる。

STEP 2

(1) 「服務の宣誓義務」の論点

　ア　職員の責めに帰すべき事由によって服務の宣誓をしないときは、服務義務に違反し、懲戒処分の対象となる。

　イ　退職した職員が再び職員として採用されるときも、改めて服務の宣誓をする義務がある。

(2) 「法令等及び上司の職務上の命令に従う義務」の論点

　ア　命令が違法又は不当であると職員が考えるときであっても、この義務は免除されない（上司の命令を審査する権限がない）。

　イ　命令が違法又は不当であるか明らかでないときであっても、この義務は免除されない（同前）。

　ウ　ただし、上司の命令が「重大明白に」（重大＋明白）違法であるときは、むしろそのような命令に従ってはならない義務を負う。

　エ　上司の命令は、客観的に必要と認められる限り、職員の生活行動を内容とするものであってもよい。

(3) 「信用失墜行為の禁止」の論点

　ア　職務に関連する非行のほか、「必ずしも直接に職務とは関係ない行為」「勤務時間外の行為」であっても、この義務違反に問われ得る。

　イ　この義務違反には罰則がないが（刑事罰には問われないが）、むろん懲戒処分の対象となる。

(4) 「守秘義務」の論点

　ア　特定の（限られた）者に対して秘密を漏らすことも、当然に守秘義務違反となる。

　イ　文書を渡す、口頭で伝達するなどのほか、秘密が漏れ

ることを黙認するなど「不作為による漏洩」も守秘義務
違反となる。

ウ　退職後も守秘義務は継続し、退職後の守秘義務違反も
刑事罰に問われ得る。

エ　守秘義務によって保護された職務上の秘密を発表しよ
うとするときは、任命権者の許可が必要である（退職後
にあっても同様である）。

(5)　「職務専念義務」の論点

ア　この義務違反には罰則がないが（刑事罰には問われな
いが）、むろん懲戒処分の対象となる。

イ　この義務は専ら勤務時間中に課せられる義務である。

ウ　この義務は法令の規定により免除することができる
（いわゆる職専免）。

(6)　「一定の政治的行為の禁止」の論点

ア　政党その他の政治的団体の結成に関与することは禁止
されている。

イ　政党その他の政治的団体の役員になることは禁止され
ている。

ウ　ただし、自分が結成に関与することなく発足した政治
団体の「役員以外の構成員」になることは禁止されない。

エ　政党その他の政治的団体の構成員となるよう／ならな
いよう勧誘運動をしてはならず、そのような勧誘運動は、
職員が勤務する地方公共団体の区域や、特定の政治目的
の有無にかかわらず禁止される（＝上記ア、イ、エは、ど
こで行おうが、どのような意図で行おうが、絶対的禁止
である）。

オ　この政治的行為の禁止義務に違反したときは、地方公
務員たる警察職員にあっては、刑事罰には問われないが
懲戒処分の対象となる（地方公務員にはこの義務違反の
罰則がないため。なお、国家公務員法には罰則があり、
身分により差異がある）。

　　まとめれば、×結成関与不可、×役員不可、×勧誘不可。

(7)　「争議行為の禁止」の論点

　ア　労働運動としての同盟罷業（ストライキ）＋怠業（サボタージュ）が禁止されている。

　イ　ストライキ・サボタージュといった争議行為を「企て」「その遂行を共謀し」「そそのかし」「あおる」行為もまた禁止されている。

　ウ　イの禁止は、地方公務員たる職員のみならず、誰であろうと禁止されている（何人_{なんぴと}も規制）。

　エ　イの禁止は罰則で担保されており、すなわち刑事罰の対象となる。

(8)　「営利企業等の従事禁止」の論点

　ア　禁止される行為は、×営利企業の役員等に就任すること、×営利企業を営むこと、×報酬を得て事業・事務に従事することである。

　イ　この禁止義務に違反したときは、刑事罰の対象とはならないが、むろん懲戒処分の対象となる。

　ウ　ただし任命権者の許可を受ければ、アの禁止は解除され得る。

　エ　アの禁止行為に従事しようとする時間が「勤務時間外」であるかどうか、従事しようとする期間が「休職中」であるかどうかは、禁止の効力に全く影響がないため、勤務時間外・休職中の行為であろうと、ウの任命権者の許可を要する。

(9)　警察職員の特則「職員団体の結成禁止」の論点

　ア　要は、憲法が保障する労働基本権＝「団結権」「団体交渉権」「団体行動権＝争議権」の労働三権は、警察職員には認められないということである。

　イ　一般の公務員にあっては、ストライキ・サボタージュ等を行う「争議権」のみが否定され（前述(7)）、「団体交渉権」「団結権」は認められているところ、警察職員にはそのいずれもない。

　ウ　そもそも「職員の勤務条件の維持改善を図ることを目

的とし、かつ、地方公共団体の当局と交渉する団体」の
結成が絶対的に禁止されているため、「団体交渉」を行う
主体がない。

エ　そのような団体への「加入」も禁止されている。

オ　ただし、ウのような団体＝労働運動を目的とするよう
な団体以外の団体を結成し又はそれに加入することは、
禁止行為ではない（極めて単純明快な例としては、親睦
団体や懇親団体）。

ここに**Focus**

頻出の論点は列挙したので、学習方法についてまとめる。

❶　本章冒頭に抽出した必要最低限の関係条文を読み、内容のイメージを作る。

❷　地方公務員たる警察職員の服務として定められている、9の義務・禁止行為について概要を理解し、実務・勤務と結び付けながら、頭で整理する。

❸　それぞれの義務・禁止行為が解除される例外を、 STEP2 の論点から頭で整理する。

❹　それぞれの義務・禁止行為が罰則で担保されているのか（違反したら刑事罰に問われるのか）、それとも懲戒処分のみで担保されているのかを頭で整理する。

❺　それぞれの義務・禁止行為が退職後も適用されるのかを頭で整理する。

❻　団体・役員関係の規制については、理解が難しければ、「政治」からの距離、「営利」からの距離、「労働運動」からの距離の3分野に分けて考えてみる。

❼　「上司の職務上の命令」については、「重大明白」の論点を確実に押さえるとともに、ⅰ）命令に従う義務があるときと、ⅱ）命令に従ってはならない義務があるときを頭で整理する。

○×問題で復習

〔1〕　退職した職員であっても守秘義務は免除されないほか、退職した職員が再度任用されるときは、改めて服務の宣誓をする義務がある。

〔2〕　職員がその結成に関与することなく結成された政治的団体の役員以外の構成員となることや、警察職員が地方公共団体の当局と交渉する団体以外の団体の構成員となることは、禁止されてはいない。

〔3〕　職員が、任命権者の許可を受け営利企業の役員に就任したり、報酬を得て事業に従事することは可能である。

〔4〕　何人も、争議行為を企て、又はその遂行を共謀し、そそのかし、若しくはあおってはならず、これらの行為をしたときは、行為者が職員でなくとも、また現実に争議行為が行われなかったとしても、刑事罰の対象となる。

〔5〕　現に職員である者が、法令による証人、鑑定人等となり、職務上の秘密に属する事項を発表しようとするときは、公益上の必要性が認められるため、守秘義務が解除される。

解答解説

○〔1〕　退職した職員であっても守秘義務は免除されないほか、退職した職員が再度任
免除されない。また、刑事罰で担保される。

用されるときは、改めて服務の宣誓をする義務がある。
再任用時等においても義務がある。

○〔2〕　職員がその結成に関与することなく結成された政治的団体の役員以外の構成員
結成関与は禁止されている。

となることや、警察職員が地方公共団体の当局と交渉する団体以外の団体の構成
役員就任が禁止されている。　　　　　　　　　　　　　団結権・団体交渉権

員となることは、禁止されてはいない。
と無関係であり、地方公務員法上禁止されてはいない。

○〔3〕　職員が、任命権者の許可を受け営利企業の役員に就任したり、報酬を得て事業
営利企業等の従事禁止は、任命権者の許可があれば解除される。

に従事することは可能である。

○〔4〕　何人も、争議行為を企て、又はその遂行を共謀し、そそのかし、若しくはあ
地方公務員だけではない。

おってはならず、これらの行為をしたときは、行為者が職員でなくとも、また現
「何人も」

実に争議行為が行われなかったとしても、刑事罰の対象となる。
明文で規定されている。　　　　　　　　　　　　罰則で担保されている。

×〔5〕　現に職員である者が、法令による証人、鑑定人等となり、職務上の秘密に属す
明文で規定されている。

る事項を発表しようとするときは、公益上の必要性が認められるため、守秘義務
＝秘密を漏らそうとするときである。　　　　　　　　　　法令によ

が解除される。
る証人等となるときも、「任命権者の許可」が必要。

APPENDIX ～直前期最後の一押し～

　ここまで、警察行政法の科目における頻出問題をチェックしてきました。

　それらは、量的にも質的にも、章立てして解説し、それぞれを一つの大きなジャンルとして、総合的・体系的に理解しておくべき「まとまり」「ボリューム」を持つ問題群でした。

　他方で、昇任試験対策を考える際、そこまでの総合的・体系的な理解は必要ない問題・選択肢もあります。特に警職法・警察法以外の、いわば行政法一般については、総合的・体系的な理解を深めて臨むというよりは、多出される問題・選択肢そのものだけを理解して臨めば、昇任試験対策としては必要十分と思われるジャンルがあります（そもそも、総合的・体系的な理解を深めて臨むべきジャンルは、**Part 1～3**までで整理し終えています）。

　そこで以下では、〈APPENDIX〉（おまけ）として、

　　　　【行政処分（許可等）】

　　　　【地方自治法（条例等）】

　　　　【情報公開・個人情報保護】

の３ジャンルについて、必要なポイントを箇条書き等で取りまとめました。さらなる加点要素・駄目押し・最終チェックを図る観点から、有効活用していただければと思います。

ここに **Focus** ～ 行政処分（許可等）

❶ 「行政処分」とは、行政機関が、国民に義務を課し、あるいは国民の法的な地位を形成・変更することをいい、単に「処分」ということもある。

❷ 行政処分は、通常、特定の者を対象として行われるが、不特定多数の者を対象として行われるものもある。

❸ 警察における行政処分には、例えば、次のようなものがある。
　　ⅰ）　警察署長が、暴力的要求行為を行っている指定暴力団員にその中止を命ずる。
　　ⅱ）　警察官が、違法駐車をしている車両の運転者に移動すべきことを命ずる。
　　ⅲ）　公安委員会が、風営法に違反する行為をした風俗営業者に係る風俗営業の許可を取り消す。
　　ⅳ）　公安委員会が、運転免許の申請者に運転免許を付与する。
　　（ⅰ～ⅳのいずれも、「義務を課し」「地位を変更」しているから処分といえる）

❹ 「行政指導」とは、行政機関が国民に対し、一定の行為を行い又は行わないように求めることをいう。

❺ 行政指導は、個別の法令においては「勧告」「助言」等の名称が用いられることも多いが、処分に該当しないものであることから、相手方に法的な義務を課すものではない。

❻ 「許可」とは、行政機関の個別の判断によって、一般的に禁止されている行為の禁止を解除し、それを適法に行うことを可能にする処分である。

❼ 警察における許可には、例えば、次のようなものがある。
　　ⅰ）　風俗営業の許可
　　ⅱ）　特定遊興飲食店営業の許可
　　ⅲ）　古物営業の許可
　　ⅳ）　質屋営業の許可
　　ⅴ）　銃砲刀剣類の所持の許可
　　ⅵ）　自動車及び原動機付自転車の運転免許（名称は「免許」、性質は「許可」）
　　ⅶ）　道路使用の許可
　　ⅷ）　乗車又は積載方法の制限外許可
　　ⅸ）　通行禁止道路通行の許可

（「警備業」「運転代行業」は認定制、「探偵業」「深夜酒類提供飲食店営業」は届出制）

⑧ 「認可」とは、私人間の法律行為を補充して、その法律上の効果を完成させる行為である（例えば、民事上のA行為について、「認可」の処分をして、A行為を有効にするなど。これは地位を変更しているから「処分」の一つである）。

⑨ 「下命」とは、一定の行為をすること又は一定の行為をしないことを命ずる処分で、命ぜられた者はこれに従う法的義務を負うが、第三者に義務を及ぼすことはできない。

⑩ 警察における下命には、例えば、次のようなものがある。
　　ⅰ）　古物商に対する差止め（物品の保管命令）、質屋に対する差止め
　　ⅱ）　古物競りあっせん業者に対する競りの中止命令
　　ⅲ）　警備業者に対する指示
　　ⅳ）　探偵業者に対する営業の停止命令
　　ⅴ）　性風俗関連特殊営業を営む者に対する営業廃止命令
　　ⅵ）　警職法に規定する避難等の措置
　　ⅶ）　道交法に規定する応急措置等の命令
　　ⅷ）　道交法に規定する交通事故の場合の負傷者救護のための指示
　　ⅸ）　道交法に規定する歩行者に対する通行方法の指示
　　ⅹ）　災害対策基本法に規定する避難のための立退きの指示
（極めて多数にわたるため、代表的なものをチェックしておく）
（「質屋に対する品触れ」は、「通知」処分であって下命ではない）

ここに Focus 〜 地方自治法（条例等）

❶ 普通地方公共団体（＝都道府県＋市町村）は、法令に違反しない限りにおいて、地域における事務に関し、条例を制定することができる。

❷ 条例の効力の及ぶ範囲は、条例を制定した普通地方公共団体の区域内であるが、当該地方公共団体の住民でなくとも、当該地方公共団体の区域内にいれば、当該条例の適用を受けることとなる。

❸ 普通地方公共団体は、条例に、刑罰を科す規定を設けることができる。

❹ 条例に規定することができる罰則は、次のとおりであり、結果、条例違反の罪を犯した者を緊急逮捕することはできないこととなる。
 ⅰ） ２年以下の懲役又は禁錮
 ⅱ） 100万円以下の罰金
 ⅲ） 拘留・科料・没収の刑
 ⅳ） ５万円以下の過料

❺ 条例は、「法令に違反しない限りにおいて」制定できるものであるから、法律違反は当然、政令違反や省令違反の条例も制定することはできない。

❻ 普通地方公共団体の長は、法令に違反しない限りにおいて、その権限に属する事務に関し、議会の議決によらずに「規則」を制定することができる。

❼ 都道府県の場合、その長である知事の定める規則は、知事の権限の及ぶ範囲で都道府県公安委員会・都道府県警察にも適用されるが、財務関係の規則の適用が主であり、また都道府県公安委員会は独立であるから、知事は原則として都道府県公安委員会の権限事項については、規則を制定できない（制定しても無効である）。

❽ 地方自治法に規定する「選挙権を有する者※」は、選挙によって選ばれる「普通地方公共団体の議会の議員」及び「普通地方公共団体の長」のみならず、選挙によって選ばれる職ではない「都道府県公安委員会の委員」の解職を請求することもできる。
※「選挙権を有する者」＝普通地方公共団体の議会の議員及び長の選挙権を有する者

❾ 地方自治法に規定する「選挙権を有する者」でなければ、たとえ当該地方公共団体の住民であっても、条例の制定又は改廃の請求をすることができない。

⑩　普通地方公共団体の議会は、当該地方公共団体の事務に関する調査権を有しており、その調査のため必要があれば「関係人の出頭・証言」等を求めることができるほか、関係人が正当な理由なくこれに応じないときは、当該関係人には刑罰が科され得る（いわゆる「百条調査権」「百条委員会」に関する規定）。

⑪　上の⑩の調査の対象には、警察事務が含まれる。

⑫　普通地方公共団体の議会の議員は、国会議員のような、会期中の不逮捕特権や議会における発言についての免責特権を有していない。

⑬　地方自治法上、都道府県知事は、都道府県警察に関する条例及び予算に関する権限を有していることから、都道府県警察に関する条例案の都道府県議会への提出権は、都道府県公安委員会にではなく、都道府県知事に属する。

ここに **Focus** ～ 情報公開・個人情報保護 5分

（国の法律と、各都道府県の条例がともに根拠となるため、便宜的に「情報公開制度」「個人情報保護制度」としています）

❶ 情報公開制度における「公文書」には、職員の個人的な検討段階の書類や、正式文書の個人的な写しは含まれない。

❷ 個人情報保護制度における「個人情報」とは、生存する個人に関する情報であって、当該情報に含まれる氏名、生年月日その他の記述等により特定の個人を識別できるものをいうが、ここにいう「その他の記述等」には、個人を特定できる映像、顔写真、メールアドレス等が含まれる。

❸ 個人情報保護制度においては、人種、信条、社会的身分、病歴、犯罪の経歴、犯罪により害を被った事実その他本人に対する不当な差別、偏見その他の不利益が生じないように、その取扱いに特に配慮を要する、いわゆる「センシティブ情報」「要配慮個人情報」を、法令に基づく場合等を除き、本人の同意を得ないで取得してはならないこととされている。

❹ 個人情報保護制度においては、個人情報の保護のため、公務員に対し、職務上知り得た個人情報をみだりに他人に知らせ、又は不当な目的に使用してはならない義務を課しているところ、この義務は、退職した者（職員であった者）や個人情報取扱事務の委託を受けた者等、公務員以外の一定の者にも課せられるのが一般である。

1回30分のSAトレーニング

FOCUS —警察行政法—

令和5年2月1日　初　版　発　行

著　　者　　警察行政法研究会
発 行 者　　星 沢 卓 也
発 行 所　　東京法令出版株式会社

112-0002　東京都文京区小石川5丁目17番3号　03(5803)3304
534-0024　大阪市都島区東野田町1丁目17番12号　06(6355)5226
062-0902　札幌市豊平区豊平2条5丁目1番27号　011(822)8811
980-0012　仙台市青葉区錦町1丁目1番10号　022(216)5871
460-0003　名 古 屋 市 中 区 錦 1 丁 目 6 番34号　052(218)5552
730-0005　広 島 市 中 区 西 白 島 町11番9号　082(212)0888
810-0011　福岡市中央区高砂2丁目13番22号　092(533)1588
380-8688　長 野 市 南 千 歳 町 1005 番 地
　　　　　〔営業〕TEL 026(224)5411　FAX 026(224)5419
　　　　　〔編集〕TEL 026(224)5412　FAX 026(224)5439
　　　　　https://www.tokyo-horei.co.jp/

ISBN978-4-8090-1442-0